AF242602

QUELQUES MOTS

L'ASSEMBLÉE CONSTITUANTE

DE 1848

IMPRIMERIE CLAYE ET TAILLEFER,
rue Saint-Benoît, 7.

QUELQUES MOTS

SUR

L'ASSEMBLÉE CONSTITUANTE

DE 1848

PAR

VICTOR CARLA

REPRÉSENTANT DU PEUPLE (LOT)

PARIS

PERROTIN, LIBRAIRE-ÉDITEUR

PLACE DU DOYENNÉ, 3

ET BOULEVARD MONTMARTRE, 22

1849

QUELQUES MOTS

SUR

L'ASSEMBLÉE CONSTITUANTE

DE 1848

J'avais l'intention de rendre compte à mes commettants de la manière dont j'avais compris et rempli le mandat qu'ils m'avaient confié. En y réfléchissant, il m'a semblé que je pouvais faire une chose plus utile et plus convenable. Membre obscur de l'Assemblée nationale, je me suis systématiquement éloigné de toutes les réunions qui se sont formées entre les représentants, parce que je crois que les partis pris d'avance rendent les discussions inutiles et paralysent les avantages des gouvernements parlementaires. Néanmoins, sous l'inspiration de ma seule raison, j'ai presque toujours voté avec la majorité. Il est donc probable que j'ai apprécié comme elle les nécessités des situations au milieu desquelles nous nous sommes trouvés. Cette considération me détermine à essayer l'examen des principaux actes de l'Assemblée nationale. Je veux exposer, comme je les ai comprises, les difficultés qu'elle a rencontrées et dire pourquoi elle n'a pas rempli toutes les espérances que le peuple français avait fondées sur elle. Je n'ai pas la prétention d'indiquer toutes les causes qui ont concouru à ses déterminations, j'espère seulement mettre en évidence une partie de la vérité, celle que j'ai vue.

Pour comprendre la mission que les événements avaient préparée à l'Assemblée constituante de 1848, il est nécessaire de se rendre compte des modifications profondes apportées non-seulement dans les institutions politiques, mais encore dans toutes les relations de la société par les principes proclamés en 1789, et de suivre dans ses progrès l'expansion des conséquences de ces principes.

Sous l'ancien régime, la société était organisée de toutes pièces. Elle était divisée en classes, ayant les unes des priviléges et des droits, et les autres des devoirs. L'inégalité des conditions, acceptée par tous, avait rendu facile l'établissement de la machine sociale dont l'autorité était le ressort. Les classes privilégiées possédaient la plus grande partie du sol ; les paysans qui le cultivaient n'avaient en propre que le produit de leur travail, toujours trop faible pour les faire changer de condition. Les ouvriers des villes, organisés en corporations, étaient soumis à des épreuves qui en limitaient le nombre. Enfin l'industrie, astreinte à des règlements, ne produisait que ce dont l'écoulement était à peu près assuré. Ainsi, dans l'ancien régime, sauf quelques rares exceptions, chacun vivait dans la condition où le sort l'avait fait naître. La France produisait assez de grains pour nourrir une population qui n'était pas trop nombreuse. L'industrie et le commerce ne travaillaient que dans la mesure de besoins connus d'avance, et les ouvriers, réduits au nombre nécessaire pour exécuter les ouvrages que cette société réclamait, étaient assurés de gagner leur pain de chaque jour. L'ancien régime avait donc tout réglé et avait établi partout l'équilibre. Cela dura plusieurs siècles, mais il vint un temps où l'autorité fut moins respectée. La noblesse vit décroître son pouvoir avec sa richesse, et, le tiers-état grandissant de plus en plus, l'équilibre fut rompu et la Révolution de 1789 éclata.

Cette révolution ne fut pas seulement politique, elle fut surtout sociale.

La souveraineté du peuple remplaça, comme principe de l'autorité, le droit divin. Au lieu de l'obéissance, la liberté devint le droit commun. L'égalité fut substituée à la distinction des classes. Tous les priviléges disparurent. Les entraves qui réglaient le travail et l'industrie furent levées. Il ne resta pas pierre sur pierre de l'ancien édifice.

En même temps que la révolution s'opérait dans les institutions, elle s'opérait aussi dans les choses. Les biens appartenant au clergé et aux couvents étaient divisés entre les citoyens. Les terres des nobles émigrés étaient vendues et morcelées. Le paysan devenait propriétaire, et désormais il occupait une grande place dans l'État. Enfin l'industrie étant libre, chacun pouvait entreprendre ce qu'il voulait et, s'il était habile, il réalisait des bénéfices dans cette carrière où la concurrence était encore rare et peu redoutable. Pendant ce temps la guerre décimait la population; il y avait dans l'intérieur moins de monde, et la richesse nationale s'était accrue de l'augmentation du produit des biens nationaux actuellement cultivés avec amour par leurs nouveaux maîtres; enfin l'État ayant fait banqueroute pour les deux tiers de ses dettes, les charges publiques n'étaient pas considérables et les contributions étaient modérées. Alors, tandis que les anciens privilégiés déploraient leur ruine, le peuple éprouva un bien-être qu'il n'avait jamais connu. Cet état de choses se perpétua sous l'Empire. La guerre diminuait la population et attirait en France une partie des richesses de l'Europe.

Je n'ai pas besoin, pour le but que je me propose, d'examiner les institutions politiques créées par l'Empire. L'Empire fut un brillant épisode après lequel la Révolution, qu'il avait interrompue, reprit son cours. Il resta de cette époque le souvenir d'une grande gloire militaire, les institutions civiles qui nous régissent, et la puissante machine administrative créée par le génie de l'Empereur.

La charte de 1814 fut un compromis entre le droit divin et la souveraineté du peuple. Ces deux principes se trouvèrent constamment en présence sous la restauration, et comme l'un est exclusif de l'autre, ils furent toujours en lutte jusqu'à ce que le coup d'État de juillet 1830 eût provoqué le combat dans lequel la souveraineté du peuple remporta une victoire définitive.

Pendant que les esprits se passionnaient, que des voix éloquentes retentissaient dans les tribunes et dans les chaires, et que les journaux rédigés par les écrivains les plus distingués entretenaient l'émotion populaire, il s'opérait dans l'ordre des faits matériels un mouvement remarquable. La Restauration avait respecté l'œuvre de la République. Moyennant un milliard que la France paya pour indemniser les émigrés, la vente des biens nationaux fut confirmée, et ces propriétés jusqu'alors frappées d'un certain discrédit augmentèrent considérablement de valeur. L'activité française se tourna vers les travaux de la paix. Les entreprises industrielles et commerciales se multiplièrent et, sous la protection d'un tarif de douanes rédigé dans son intérêt, l'industrie nationale put réaliser de grands bénéfices.

La France, qui avait été jusqu'alors un pays essentiellement agricole, vit une partie de sa population abandonner les travaux de la terre pour ceux qu'elle trouva dans les nombreuses manufactures qui s'élevaient de toutes parts.

Le salaire de l'ouvrier était plus élevé que celui du laboureur, les conditions du travail étaient différentes. Au lieu de respirer l'air pur des champs et d'être constamment inspiré et charmé par l'harmonie de la nature, l'ouvrier enfermé dans un étroit espace se repliait sur lui-même, son intelligence se développait, et avec elle grandissaient ses besoins et ses désirs. Cependant, comme le marché intérieur pouvait suffire à l'écoulement des produits industriels, il n'y avait pas encore d'encombrement. L'équilibre existait entre la production et la consommation, et les affaires étaient en prospérité.

La victoire remportée par le peuple en juillet 1830 anéantit les derniers vestiges de l'ancien régime que la Restauration avait vainement tenté de reconstruire. La souveraineté de la nation devint le principe unique et incontesté du gouvernement, et la France rentra dans la voie de la révolution de 1789. Telle fut la véritable portée de la révolution de 1830. C'est ainsi que Lafayette la comprenait, lorsqu'il appelait le gouvernement fondé le 9 août : la meilleure des républiques. Mais tout le monde n'apprécia pas de la même manière ce grand événement. Au lieu d'y voir l'avénement définitif de la démocratie française, ceux qui furent chargés de la diriger n'y trouvèrent que le régime fantastique qui fut créé par la charte de 1830, une quasi légitimité, soutenue par ce qu'on appela depuis le pays légal, et par de prétendues classes moyennes, qui n'existaient pas, qui ne pouvaient pas exister, puisque l'égalité était la loi commune et que la souveraineté du peuple était le principe du gouvernement. Cette division de la population en classes était un malheureux anachronisme. Elle n'existait ni en fait ni en droit. Il y avait dans la société mille positions différentes dans l'échelle de la fortune et de l'intelligence, mais tous les degrés de cette échelle se suivaient sans interruption, et la foule les montait et les descendait incessamment. Il y avait des riches et des pauvres, mais le riche de la veille pouvait être le pauvre du lendemain ; il n'y avait donc pas de classes. Cette fausse distinction fut une grande erreur, dont les conséquences funestes pèseront longtemps sur la France. En prenant au sérieux ce gouvernement de fantaisie, en employant à la conservation de cette fiction toutes les forces de l'État et toute l'activité des ministres et des Chambres, on laissa grossir, sans lui creuser son lit, le torrent qui devait emporter la monarchie et ébranler la société jusque dans ses fondements.

Le gouvernement de la Restauration obéissait à sa nature lorsqu'il combattait les tendances libérales de la nation. Soutenu par la partie la plus riche, la plus influente de la population, il luttait au nom d'un principe qui, après tout, avait régi le monde pendant bien des siècles ; mais le gouvernement issu de la victoire remportée par la souveraineté du peuple, en 1830, mentait à son origine et à son principe lorsqu'il imitait la Restauration. La démocratie était la seule base sur laquelle il pût s'asseoir. En la reniant, il n'avait plus de raison d'être. Le moindre souffle devait le renverser.

Quoi qu'il en soit, la démocratie française n'en existait pas moins. Elle vivait, et il n'était au pouvoir de personne de l'étouffer ; mais méconnue par un gouvernement aveugle, elle se développait à l'aventure comme un enfant abandonné, qui ne reçoit ni conseils ni leçons. La Révolution de 1789 avait proclamé la souveraineté du peuple et adopté pour principes la liberté et l'égalité. Souveraineté du peuple, liberté, égalité : ces trois mots étaient, avant le 24 février 1848, tout le code politique de la démocratie française. Sous Louis-Philippe, le gouvernement ne songea pas à l'organiser, l'opposition parlementaire n'y songea pas davantage. Chambres et ministres, tout le monde se contentait du *statu quo*, et les grandes luttes politiques n'allaient pas au delà d'un changement de personnes. Le journal *la Presse*, qui avait l'intelligence de la situation, indiquait vainement au pouvoir la voie dans laquelle il fallait s'engager. Ses conseils étaient dédaignés. Les hommes d'État qui avaient la prétention de faire de la grande politique ne s'étaient même pas rendu compte des éléments et de la nature de la société qu'ils gouvernaient. Tout semblait marcher régulièrement, parce que les lois civiles réglaient les relations des particuliers, et que la machine administrative fonctionnait facilement entre les mains des ministres. Mais la machine administrative n'est qu'un instrument ; elle ne vaut que ce que vaut la volonté qui la fait mouvoir. Cette volonté depuis 1830, pour tout ce qui ne concernait pas les intérêts dynastiques, n'était pas sûre d'elle-même et ne suivait aucune règle. Tantôt sous la pression de la réalité à laquelle il est impossible de se dérober entièrement, le gouvernement prenait des mesures d'une immense portée dont il ne calculait pas les conséquences, et tantôt sous le charme de ses illusions il refusait les concessions les plus insignifiantes. C'est ainsi que les mêmes hommes qui aimèrent mieux succomber que d'accorder la réforme électorale, avaient proposé et fait voter la loi sur l'instruction primaire.

La loi sur l'instruction primaire, le développement donné aux travaux publics et la création des chemins de fer, sont les faits principaux du règne de Louis-Philippe ; ils ont amené la plupart des embarras et des complications dans lesquels la France se débat.

La loi de 1833 fonda une école dans toutes les communes. Tous les enfants, riches et pauvres, durent recevoir l'instruction primaire. Assurément ce fut une création libérale, mais ce fut en même temps la plus démocratique des institutions. En donnant l'instruction au peuple, en développant son intelligence, on le faisait forcément intervenir dans ses affaires. D'après le principe du gouvernement le droit était dans le peuple. S'il avait aussi l'intelligence et le savoir, comment aurait-on pu l'empêcher de se gouverner lui-même ? On avait voulu lui apprendre à lire et à écrire afin qu'il pût mieux diriger ses intérêts domestiques. Mais l'activité de l'esprit humain ne se renferme pas dans le cercle qu'on lui trace. Les enfants de 1833 étaient devenus des hommes en 1848. Voici toute une génération qui lit et qui pense, qui recherche avec avidité les journaux politiques et qui s'éprend de toutes les théories qui la flattent et qui la trompent. Hommes d'État imprudents, qui obligent tout le monde à savoir lire et qui ne prennent aucune précaution contre la licence de la presse !

Le gouvernement de Louis-Philippe parut toujours dominé par cette pensée qu'il fallait développer les intérêts matériels afin d'attacher un plus grand nombre de personnes à sa dynastie, et d'éloigner les esprits de la politique. En conséquence de ce système de grands travaux publics furent entrepris dans toutes les parties de la France. Ces travaux produisirent un résultat moral diamétralement opposé à celui que l'on s'en était promis. Ils déclassèrent une partie de la population qui fut enlevée à l'agriculture. Les ouvriers employés aux travaux publics recevaient un salaire plus élevé, ils prenaient moins de peine, ils s'accoutumèrent à mieux vivre. Ils étaient dirigés par une myriade de contre-maîtres, de piqueurs et de conducteurs, qui, pour la plupart, étaient sans fortune, et dont l'ambition s'accrut avec le traitement. Les travaux publics élevèrent partout le niveau des besoins. Celui qui, auparavant, portait des sabots, chaussa des souliers, et celui qui portait des souliers prit des bottes. Ce fut là une amélioration matérielle, mais elle éveilla l'ambition dans le cœur, et ces hommes mieux vêtus se trouvèrent plus malheureux et plus pauvres.

Cependant, l'industrie privée continuait ses entreprises. Libre de toute entrave, sans règle, sans frein, sans prévoyance, elle marchait au milieu de la concurrence la plus effrénée, marquant chacun de ses pas par des faillites. La population ouvrière s'était considérablement accrue. Vivant pour ainsi dire en commun, elle avait un esprit de corps et elle offrait des facilités de communication dont les partis devaient profiter dans un jour d'émeute ou de révolution.

Les dépenses publiques augmentaient chaque année. Les contributions, presque doublées par les centimes additionnels, enlevaient au propriétaire le plus clair de son revenu. Tous les ressorts fiscaux étaient tendus jusqu'à leur dernière puissance, La disette de 1847 avait fait sortir de France des capitaux considérables. La dette publique allait toujours croissant, et la dette flottante exigible à tout moment ne s'élevait pas à moins de 800 millions.

Telle était la situation morale et matérielle de la France, lorsque la monarchie fut renversée pour ainsi dire sans combat.

La République fut généralement accueillie sans enthousiasme; elle excita d'abord des appréhensions, mais bientôt le bon sens public comprit qu'elle était un véritable progrès, et le peuple s'y attacha. Le gouvernement provisoire, s'il eût été à la hauteur de sa mission, aurait pu amoindrir les fâcheuses conséquences qui résultent toujours de la perturbation qu'une révolution jette inévitablement dans les intérêts matériels. Malheureusement le gouvernement provisoire, composé d'hommes qui, pour la plupart, n'avaient que des idées théoriques ou systématiques, et dont pas un n'avait pratiqué l'administration, le gouvernement provisoire, dis-je, compliqua les difficultés de la manière la plus fâcheuse. Par son esprit d'exclusion, il mécontenta tout le monde; par ses mesures, il alarma tous les intérêts, et par les conférences du Luxembourg, il créa pour la République et pour la société le danger le plus redoutable. Le gouvernement de Louis-Philippe ne connaissait pas le peuple; le gouvernement provisoire ne connaissait pas la France. Le premier voyait la nation dans les électeurs à deux cents francs; le second la voyait dans les ouvriers de Paris et dans les affiliés des clubs. Le gouvernement provisoire, malgré ses fautes, eut de grandes inspirations. Il n'était pas habile, mais il avait la foi. Il sentait qu'il était dans les voies de la Providence, et il osa décréter le suffrage universel et direct. Ne fût-ce que pour ce progrès décisif, la postérité dira, comme l'Assemblée nationale, que le gouvernement provisoire avait bien mérité de la patrie.

Lorsque l'Assemblée nationale se réunit avec des pouvoirs illimités, voici quelle était la situation. Dans l'ordre moral, la masse de la nation, acceptant franchement la République, la comprenait dans son sens le plus large et le plus vrai, et voulait qu'elle fût organisée selon les éternelles règles de la justice et du bon sens. A Paris et dans plusieurs centres manufacturiers, une population ouvrière nombreuse, égarée par le besoin et par des systèmes décevants, demandait la refonte de toutes les institutions sociales. Dans l'ordre des faits, le trésor était à bout de ressources, les contributions indirectes ne donnaient que de faibles produits, les créanciers de la dette flottante voulaient être payés, les capitaux effrayés disparaissaient. Les usines étaient fermées, les ouvriers étaient sans travail et le trésor public devait pourvoir à la subsistance de plus de cent mille hommes occupés dans les ateliers nationaux à des travaux complétement improductifs.

Ainsi, population exubérante sans travail qu'il fallait nourrir, déficit dans les caisses de l'État, nécessité de diminuer les impôts qui surchargeaient d'autant plus la nation que les produits du sol se vendaient à vil prix, absence de crédit et de numéraire ; en un mot, toutes les difficultés qui peuvent compliquer une crise financière et sociale se trouvaient réunies. Ces difficultés frappaient tellement tous les yeux que les dissentiments politiques disparurent momentanément, et que la crise fut uniquement financière et sociale. Le problème qui était posé à l'Assemblée constituante était celui-ci : trouver une organisation qui, n'enlevant rien à ceux qui possèdent, assure à ceux qui ne possèdent pas leur subsistance et la satisfaction de leurs besoins.

Ce problème, dont la solution serait difficile dans les circonstances les plus favorables et les plus heureuses, ce problème qui est la véritable question du siècle, et que la société devra résoudre sous peine de périr, était insoluble dans la situation où se trouvait la France le 4 mai 1848.

Le premier acte de l'Assemblée nationale fut la proclamation légale de la République. Ce décret fut rendu à l'unanimité. Cela devait être, car il n'y avait pas un représentant qui n'eût été nommé après une profession de foi républicaine. Cela devait être encore, parce que tout homme de bon sens comprenait que, quoiqu'elle fût arrivée trop tôt, la République était désormais le seul gouvernement possible. Le règne de Louis-Philippe avait détruit les illusions de ceux qui avaient cru au trône héréditaire entouré d'institutions républicaines, système qui, appliqué de bonne foi, eût réuni les avantages de la république et de la monarchie. Il était prouvé maintenant qu'un roi héréditaire, même lorsqu'il était sorti de l'élection, finissait par n'attacher d'importance qu'aux intérêts de sa famille, qu'il se formait autour de lui une atmosphère d'adulation et d'intrigue dans laquelle la vérité et la prudence étaient étouffées, et qu'un roi quelconque pensait toujours ce que disait Louis XIV : L'État, c'est moi. Après cette expérience, il était évident que les affaires de la nation ne seraient bien faites que lorsqu'elle les ferait elle-même sans intermédiaire. La République fut donc proclamée par l'Assemblée librement, sans arrière-pensée et en pleine connaissance de cause.

Au moment où ce décret venait d'être rendu, le commandant supérieur de la garde nationale de Paris annonça à l'Assemblée que le peuple réuni désirait la voir et la féliciter, l'Assemblée se rendit sur les marches du péristyle du palais. Ce fut un magnifique spectacle pour les représentants accoutumés au calme et à la solitude de la province, de voir cette foule innombrable qui se pressait sur les quais, sur le pont, sur la place de la Concorde, dans les Champs-Élysées, partout où s'étendait le regard. Il semblait que la France entière fût là réunie pour applaudir à la consécration légale de son émancipation définitive. L'Assemblée, en traversant la foule pour rentrer dans le palais par la grande cour, reçut les témoignages de la sympathie la plus vive. Beau jour d'espoir où chacun était encore sous le charme de ses illusions, mais dans lequel l'homme réfléchi pouvait pressentir le 15 mai et les journées de juin !

L'immense majorité de l'Assemblée, composée en général de républicains du lendemain, comprit tout d'abord les difficultés de la situation. Elle vit que son mandat constituant n'était pas le plus important de ses devoirs, et qu'avant d'organiser la République, il fallait sauver la société menacée de dissolution et empêcher la banqueroute qui était imminente. Pour obtenir ce double résultat, il ne fallait pas moins de prudence que de fermeté. Cela fut compris de chacun, pour ainsi dire isolément, car les réunions de représentants, qui se sont formées depuis, n'existaient pas encore. On ne se connaissait pas les uns les autres. Les hommes qui avaient fait partie des assemblées antérieures avaient seuls un nom connu, mais le thermomètre de l'opinion publique était encore monté à un degré trop élevé pour que ces hommes pussent être appelés au pouvoir. Voilà pourquoi les membres de la commission exécutive furent choisis parmi ceux du gouvernement provisoire. Ils avaient d'ailleurs gouverné depuis le 24 février, eux seuls connaissaient les ressorts qu'ils avaient mis en œuvre et qui faisaient mouvoir les forces de Paris. Il sembla naturel et indispensable de les conserver au pouvoir afin qu'ils pussent rendre compte à l'Assemblée et l'initier au véritable état des choses. La commission exécutive fut donc composée d'anciens membres du gouvernement provisoire, mais dans le scrutin les suffrages se répartirent de telle façon que l'esprit dans lequel l'Assemblée voulait marcher ne put être mis en doute.

Trois hommes avaient marqué dans le gouvernement provisoire comme représentant des systèmes politiques différents ; c'étaient MM. de Lamartine, Ledru-Rollin et Louis Blanc.

Louis Blanc, dans ses conférences du Luxembourg, s'était placé entièrement en dehors des faits existants, il avait prêché des doctrines dont l'absurdité ne diminuait pas le danger. Ces théories développées dans une école auraient exercé une pernicieuse influence ; que devait-il arriver lorsque c'était un membre du gouvernement qui les prêchait au peuple, le lendemain d'une révolution ?

Ledru-Rollin, admirateur passionné de la Convention, semblait dominé par les souvenirs de cette assemblée. Homme de la première révolution par les idées et par le talent, on l'eût pris pour un conventionnel attardé confondant 1848 avec 1792.

Lamartine, homme de son temps, homme de l'avenir, avait tous les instincts de la République nouvelle. Les paroles qu'il puisait dans son cœur allaient vibrer dans l'âme de la France. Heureux si, par une générosité que l'histoire jugera, il n'eût pas refusé de séparer sa cause de celle de ses collègues !

MM. Lamartine et Ledru-Rollin firent partie de la commission exécutive. M. Louis Blanc, qui ne fut ni membre de la commission, ni ministre, demanda la création d'un ministère du progrès, conception étrange qui fut repoussée par l'Assemblée.

Le parti que l'on a appelé la république rouge, et qui se composait principalement des membres des sociétés secrètes, avait déjà de grandes préventions contre l'Assemblée, dont la majorité avait été combattue dans les élections par les commissaires du gouvernement. Après ce vote, ces préventions se tournèrent en hostilité déclarée, et l'attentat du 15 mai fut consommé. Au milieu de cette longue scène de confusion et de désordre, les représentants demeurèrent calmes et dignes. Ce qu'il y eut de plus remarquable et de plus heureux dans cette journée, ce fut l'empressement avec lequel la garde nationale vint au secours de l'Assemblée. A partir de ce jour, la représentation sut qu'elle avait des forces à sa disposition. La situation n'en restait pas moins critique. Tout le monde assurait que le 15 mai les sociétés secrètes n'avaient point donné. On disait publiquement qu'elles étaient en mesure de mettre en ligne trente mille hommes armés auxquels devaient se joindre les ateliers nationaux. La victoire n'était donc pas certaine, mais on avait la garde nationale; on faisait rentrer dans Paris les troupes qui en avaient été éloignées depuis le 24 février; l'Assemblée pouvait se défendre si elle était attaquée. Aussi, pressa-t-elle de tout son pouvoir la dissolution des ateliers nationaux, qui étaient le plus grand danger de la situation et qui épuisaient le trésor public. Lorsque cette volonté fut bien connue, l'insurrection de juin éclata. Les événements prirent alors des proportions et une grandeur imprévues. Les insurgés avaient une forte organisation, des chefs habiles, un plan bien combiné, des munitions, des armes et du courage.

Depuis quelques jours, il régnait dans l'Assemblée une certaine agitation. L'on disait que la commission exécutive, livrée à des dissensions intestines, n'avait pas l'unité de vues et l'énergie nécessaires pour faire exécuter promptement le décret relatif à la dissolution des ateliers nationaux. Les esprits n'étaient pas favorablement disposés envers la commission exécutive, aussi l'Assemblée n'éprouva-t-elle aucune hésitation lorsqu'on lui proposa, le 24 juin, de remettre le pouvoir exécutif aux mains d'un seul homme. La fortune de la France voulut que cet homme fût le général Cavaignac.

Tout le monde connaît les détails de cette grande bataille qui dura quatre jours et qui fit couler tant de sang. Le quartier général de l'armée était à la présidence de l'Assemblée. Les représentants étaient réunis en permanence. Plusieurs d'entre eux furent envoyés sur divers points où l'on se battait pour annoncer que l'état de siége venait d'être décrété, et pour encourager les troupes par leur présence. Quelques-uns furent tués ou blessés en remplissant leur mission. D'heure en heure il arrivait des nouvelles du combat. Je n'oublierai jamais les séances de nuit, où dans un silence religieux, l'Assemblée, triste mais calme, écoutait la série des orateurs qui racontaient ce qu'ils avaient vu et qui lui transmettaient les derniers adieux de braves généraux auxquels nous avions serré la main quelques heures auparavant. Dans la matinée du 24 les chances paraissaient incertaines. On admettait la possibilité d'un succès momentané pour l'insurrection, et dans cette hypothèse, l'Assemblée serait sortie de Paris avec les troupes. Mais vers le milieu du jour les nouvelles devinrent meilleures, et dès ce moment la victoire parut de plus en plus assurée.

Au 15 mai, la garde nationale de Paris s'était portée spontanément au secours de l'Assemblée. A la nouvelle de l'insurrection de juin toutes les gardes nationales de France s'ébranlèrent. Les plus voisines et toutes celles qui se trouvaient sur les lignes des chemins de fer accoururent à Paris. Un grand nombre arrivèrent assez tôt pour prendre part au combat. Ce fut un beau mouvement qui montra la force de la République à ses amis et à ses ennemis. Ce mouvement révéla un fait non moins important, je veux dire l'émancipation morale des départements et leur résolution de ne plus accepter les révolutions que Paris pourrait être tenté de leur adresser encore par la malle-poste.

Pendant plusieurs jours l'Assemblée fut entourée par ces gardes nationales venues des départements. L'École militaire de Saint-Cyr avait occupé le poste d'honneur pendant la durée du combat.

Le général Cavaignac, investi d'un pouvoir presque dictatorial, avait commandé en chef et remporté une grande victoire. Il avait publié pendant la bataille des proclamations et des bulletins que l'histoire conservera comme des monuments et des modèles. Tout le monde sentait qu'il était l'homme de la situation, et que le cœur de la France battait en lui. Aussi ne fut-ce pas sans une vive émotion que l'Assemblée le vit paraître à la tribune, en habit de combat, pâle de fatigue, et déposer le pouvoir qui lui avait été confié.

L'Assemblée décréta que le général Cavaignac avait bien mérité de la patrie et lui confia de nouveau le pouvoir exécutif, avec le titre de président du conseil des ministres.

Dès ce moment, l'Assemblée nationale entre dans une nouvelle voie ; jusque-là, elle avait lutté pour protéger son existence, et elle avait été unanime dans ses votes en présence du danger commun. Maintenant qu'elle est victorieuse, et qu'elle se sent libre et forte, cette unanimité n'existera plus, des tendances diverses se manifesteront, chacun se souviendra de son origine, ce ne sera plus seulement du salut de la République, mais encore de l'intérêt de telle ou telle ambition que l'on sera occupé. Ici commence la lutte parlementaire. Le rôle extérieur de l'Assemblée est fini ; l'action est toute dans son sein.

Le général Cavaignac a pris une si grande part aux événements, que je crois devoir lui consacrer quelques mots. Sa taille élevée, sa tournure militaire, la mâle régularité de ses traits, son front largement développé et sa physionomie grave font sur ceux qui l'approchent une impression dans laquelle le respect occupe une grande place. Lorsqu'il montait à la tribune, sa parole toujours claire et sobre captivait l'Assemblée et décidait ordinairement ses déterminations. En l'écoutant, un de mes voisins disait : « Cet homme a l'esprit aussi droit que le cœur ; » mot plein de vérité, qui explique mieux que je ne saurais le faire l'influence du général sur une assemblée remarquable surtout par ses bonnes intentions.

En prenant le pouvoir exécutif, le général Cavaignac dut composer le ministère. La Providence n'est pas libérale chaque jour. Pour sauver la société menacée, elle avait fait surgir l'homme nécessaire; pour administrer la République naissante, elle n'envoya pas des hommes d'État. Les nouveaux ministres, hommes de mérite et de talent, mais presque tous étrangers par leurs occupations antérieures à l'administration des affaires publiques, ne comprirent pas le parti que l'on pouvait tirer des immenses avantages de la situation dans laquelle ils reçurent le pouvoir. Cela fut d'autant plus fâcheux que le général Cavaignac, accoutumé à la hiérarchie et au régime militaire, où le grade suppose la capacité, ne s'entretenait des affaires publiques qu'avec ses ministres et n'attachait d'importance qu'à leur avis.

L'Assemblée avait compris dès les premiers jours de sa réunion que son devoir était de travailler avant tout à rétablir le calme dans la société, afin que les relations et les affaires de toute nature reprissent leur cours ordinaire. Après la victoire de juin, si une prompte et vigoureuse impulsion eût été donnée par le ministère, l'Assemblée aurait voté pour ainsi dire d'urgence la Constitution qu'on aurait pu réduire aux articles indispensables, en réservant les développements pour les lois organiques. La forme du gouvernement arrêtée, le président de la République aurait été nommé vers la fin du mois d'août. Quel qu'eût été le choix du peuple, il y aurait eu accord entre le président et l'Assemblée, car les motifs de défiance ou de froideur qui se sont produits depuis cette époque, n'existaient pas alors, et la France ne craignant plus de nouveaux bouleversements aurait repris confiance dans l'avenir.

Le ministère ne comprit pas ainsi ses devoirs. Issu de l'Assemblée, il semblait attendre d'elle sa direction. Dans cet état de choses, personne ne prit cette initiative puissante qui peut seule résoudre les grandes crises. Ce fut la commission de la

Constitution qui mena la chambre et le ministère avec elle. Or cette commission n'ayant pas reçu d'autre mandat que celui de préparer la Constitution, ne s'occupa que de son œuvre sans tenir compte des circonstances. Elle médita et discuta longuement. Elle fit plus, elle soumit son projet aux bureaux de l'Assemblée, qui employèrent un mois entier à l'examiner; puis, la commission fit un nouveau travail, qui fut discuté en séance publique, et qui fut définitivement adopté le 4 novembre. C'était deux ou trois mois trop tard. Pendant ce long enfantement, l'esprit public que les journées de juin avaient exalté, était retombé sur lui-même, fatigué par l'attente et l'incertitude. L'Assemblée nationale s'était divisée; les partis hostiles à la République avaient repris courage, et la confiance ne renaissait point.

Lorsque le général Cavaignac lut à la tribune les noms des honorables citoyens qui composaient son ministère, une partie de l'Assemblée donna des signes de désapprobation. Elle aurait voulu voir parmi eux quelques républicains du lendemain. Ce fut le premier fait par lequel l'opposition modérée manifesta son existence. Quelques jours après elle forçait un des ministres à se retirer du pouvoir.

En ce temps-là, un grand nombre de représentants déposaient des propositions en vertu de leur droit d'initiative. Toutes les imaginations étaient tendues, et chacun se croyait plus ou moins sur la voie d'un système financier qui devait tout sauver et ramener l'abondance. Parmi ces systèmes, celui de M. Proudhon eut surtout du retentissement. S'il eût été produit par un représentant inconnu, on l'aurait regardé comme une plaisanterie ou comme une folie, et l'on n'y aurait pas attaché d'autre importance; mais M. Proudhon avait été élu comme socialiste, ses écrits avaient de l'influence sur une partie de la population. M. Thiers lui fit l'honneur de le prendre au sérieux et de le combattre dans toutes les formes. Ce fut un spectacle curieux de voir cette joute entre la raison et le paradoxe. L'histoire et la philosophie en garderaient le souvenir, si la victoire n'eût pas été si facile.

M. Thiers avait rencontré dans sa carrière parlementaire des adversaires bien autrement redoutables que M. Proudhon, et pour se mesurer avec eux il lui avait suffi d'un de ces discours qui coulent de ses lèvres avec tant de limpidité. Devant M. Proudhon il arriva armé d'un rapport écrit, et, comme s'il n'eût pas eu assez de confiance en la bonté de cette arme, il voulut encore accabler son adversaire sous les coups d'une brochure.

Ce n'est point par pure fantaisie que M. Thiers se donna cette peine. Je suppose qu'il ne fut pas fâché de trouver une si bonne occasion de montrer ce qu'il y a de faux et d'absurde dans les systèmes socialistes que l'on a présentés au peuple comme la loi de l'avenir. M. Thiers n'est pas novateur, ainsi qu'il le dit lui-même. Il voudrait conserver la société telle qu'elle existe, et il lui sembla d'une bonne politique de combattre à outrance le socialisme et de le rendre aussi odieux que ridicule.

La vérité n'a pas d'ennemis plus dangereux que les faiseurs de systèmes. S'ils rencontrent une idée juste dans une certaine mesure et sous certains rapports, ils s'imaginent avoir eu la révélation de la vérité tout entière, et les voilà organisant le monde de toutes pièces comme pourrait le faire Dieu lui-même. L'homme n'a pas une mission si haute sur la terre. Les institutions durables ne s'établissent que par le travail intellectuel et successif des générations, et toute l'ambition que peut avoir un individu, c'est d'apporter à la masse commune la moindre idée nouvelle.

Les systèmes socialistes sont non-seulement impraticables, contraires à la nature de l'homme, à ses instincts, à ses droits, mais ils sont encore des amorces trompeuses auxquelles se prennent ceux qui souffrent et qui détruisent leur courage et leur raison. Que le socialisme soit donc sévèrement condamné; mais pour que cet arrêt soit confirmé par l'avenir, la société doit faire deux choses : ne méconnaître aucun droit; ne pas lutter contre la logique des faits et des progrès légitimes.

La tribune de l'Assemblée a été fatale à tous ces systèmes.

Sommés de produire les moyens qu'ils disaient avoir de remédier aux maux de la société, les uns ont éludé de répondre, les autres ont formulé leurs théories, et le bon sens public en a immédiatement fait justice.

Après les journées de juin, l'Assemblée avait ordonné une enquête parlementaire sur les causes qui avaient amené cette insurrection ainsi que l'attentat du 15 mai. La commission chargée de l'enquête était présidée par M. Odilon Barrot et presque entièrement composée d'hommes appartenant au parti modéré. Investie de la délégation des pouvoirs les plus amples, elle put instruire ce grand procès avec une autorité souveraine. Le secret fut bien gardé sur ses opérations, et lorsque M. Bauchart, son organe, lut son rapport à la tribune, la surprise fut grande sur tous les bancs. Cette enquête et ce rapport exercèrent une influence décisive sur les destinées de l'Assemblée constituante. Jusque-là elle avait été à peu près unanime, et l'on pouvait tout au plus y signaler des nuances. Désormais, elle fut profondément divisée. Les questions personnelles y devinrent brûlantes. Des hommes qui avaient pris une grande part à l'établissement de la République furent mis en cause, et leurs amis prétendirent que c'était à la République elle-même que l'on avait voulu faire son procès.

D'un autre côté les hommes d'ordre et de modération disaient qu'il était temps de faire justice de ceux qui ayant toujours conspiré, conspiraient encore contre la République leur ouvrage et croyaient avoir le droit de faire sur la France les expériences les plus cruelles et les plus dangereuses. Des deux côtés on était passionné, et dès lors on put prévoir qu'une partie de l'Assemblée voudrait exclure l'autre.

Chose étonnante et qui fera juger de la portée politique du ministère, si mes renseignements sont exacts, le rapport sur l'enquête fut fait sans lui avoir été communiqué! Le gouvernement restait étranger à cette instruction qui a eu de si graves conséquences et qui aurait pu amener des complications immédiates!

Toutes les pièces de l'enquête furent imprimées, le jour du débat fut fixé, et lorsqu'il fut venu, l'Assemblée, dans une séance qui ne dura pas moins de dix-huit heures, entendit les explications des représentants sur lesquels l'enquête laissait planer des soupçons. Ce fut un dramatique spectacle de voir l'Assemblée écoutant, à la clarté vacillante des lustres, deux de ses membres qui défendaient avec éloquence leur honneur attaqué, et tout à coup d'entendre le président lire d'une voix solennelle, au milieu de l'étonnement général, un réquisitoire du procureur de la République qui demandait la mise en accusation de ces deux représentants. Ce fut alors que l'un d'eux dans une inspiration de colère fit entendre quelques paroles qui seraient une menace pour l'avenir, si la sagesse de la France ne la préservait pas de nouvelles révolutions.

L'Assemblée accorda l'autorisation de poursuivre Louis Blanc et Caussidière. Pour la majorité ce fut un vote politique, ce fut un moyen de rompre violemment avec la Montagne. Pour plusieurs membres de la minorité ce fut aussi un vote politique en sens inverse. Pour d'autres, ce fut un vote de conscience. Ceux-ci pensèrent que, toutes les fois que l'on se fait juge, l'on doit prononcer en juge. N'étant pas convaincus de la culpabilité de Louis Blanc et de Caussidière, ils ne voulurent pas autoriser les poursuites contre eux. Il leur sembla d'ailleurs que dans un moment où l'avenir était encore si incertain, il était bon de se montrer jaloux de l'inviolabilité des représentants. L'histoire de notre première révolution était là pour montrer le danger qu'il pourrait y avoir à entrer dans cette voie.

La suite a prouvé que la majorité avait bien apprécié la portée de sa décision, qui rassura l'opinion publique et diminua considérablement l'importance de ce qu'on a appelé la république rouge. En proposant cette mesure, le pouvoir exécutif se rapprochait du côté droit de l'Assemblée. La force des choses l'entraînait.

Le côté droit, par ce nom j'entends désigner les représentants plus ou moins connus qui avaient déjà siégé dans les assemblées délibérantes, et quelques nouveaux qui s'étaient groupés autour d'eux ; le côté droit était entré dans l'Assemblée avec le sentiment de sa déroute de février. Pour plusieurs de ses membres, il y avait un souvenir pénible dans l'agitation qu'ils avaient provoquée avant la Révolution, et dans la soudaineté avec laquelle le gouvernement déchu s'était évanoui entre leurs mains. Aussi prirent-ils d'abord une attitude d'observation et de réserve qui n'était pas sans dignité. Ils semblaient dire aux républicains de la veille qui dirigeaient les affaires : vous avez été plus habiles ou plus heureux que nous, gouvernez, nous ne vous ferons pas obstacle, nous vous aiderons au contraire de nos votes, et nous ne vous disputerons pas le pouvoir, car nous sentons que notre heure n'est pas encore venue. Des ministres habiles auraient pu tirer un grand parti de cette disposition. Les hommes qui s'exprimaient ainsi, n'auraient pas mieux demandé que de serrer la main qu'on leur aurait tendue. Cela ne fut pas compris. L'Assemblée, au contraire, entendit avec une pénible surprise le ministre des finances se fâcher pour ainsi dire contre M. Thiers, parce que dans un discours remarquable, il venait de combattre avec l'autorité d'un grand savoir une mauvaise loi sur les créances hypothécaires, qui finit par être retirée.

Le ministère se souvenait trop des luttes passées. Il ne voyait pas que le peuple avait nommé pour le représenter les capacités les plus connues, afin que le gouvernement profitât de leurs lumières. Le peuple n'avait pas compris la République comme le triomphe d'un parti, mais comme la fusion de tous les partis.

Le côté droit, dans lequel se trouvent d'ailleurs, il faut bien le reconnaître, les membres de l'Assemblée les moins sympathiques à la République, se voyant délaissé et un peu suspect au gouvernement, s'organisa en opposition, et comme il renfermait dans son sein beaucoup d'hommes capables, habitués à la tactique parlementaire, comme il avait à sa disposition presque tous les journaux influents, il acquit bientôt une importance considérable dans l'Assemblée, plus considérable au dehors.

Déjà son influence avait obtenu les poursuites contre Louis

Blanc et Caussidière, plus tard elle devait forcer le pouvoir exécutif à modifier le ministère, plus tard elle devait le renverser lui-même.

Cependant la discussion de la Constitution fut mise à l'ordre du jour. Le projet rédigé d'abord par la commission, élaboré par les bureaux et révisé par la commission, fut présenté par M. le président Marrast, qui fut chargé de la rédaction du rapport. Ce document dans lequel se trouvent exposés les motifs des principales dispositions, n'a ni la gravité, ni les développements que l'on était en droit d'espérer dans cette œuvre. Voilà donc les plus hautes questions politiques et sociales posées devant l'Assemblée.

Celle qui donna d'abord lieu aux discussions les plus vives fut le droit au travail, formule vague introduite par la commission dans son premier projet et qui interprétée à la lettre, n'était rien moins que le principe du communisme. Aussi fut-il repoussé par les bureaux et exclu du projet définitif.

Pour l'organisation du pouvoir législatif deux systèmes étaient en présence. Devait-il être exercé par une assemblée unique ou bien par deux chambres? La majorité adopta l'Assemblée unique proposée par la commission et défendue par M. Dupin contre M. Odilon Barrot. Avec deux assemblées on aurait évité les inconvénients de la précipitation, mais on aurait eu le danger de la rivalité des deux Chambres. Pour y remédier, il eût fallu donner au Président des pouvoirs équivalents à ceux qu'avait Louis-Philippe, et l'on serait inévitablement revenu à la monarchie.

La question dominante, celle que tout le monde sentait renfermer l'avenir de la République, c'était l'organisation du pouvoir exécutif. Dans le jeu des institutions, le pouvoir qui commande à tout et qui agit toujours, est sans cesse présent aux yeux des populations, et il leur paraît pour ainsi dire la véritable, la seule autorité. Cela est vrai surtout dans un pays qui a des souvenirs et des habitudes monarchiques. L'Assemblée presque entière n'hésita pas à se prononcer pour que ce pouvoir fût confié à un seul homme, persuadée que l'unité était le seul moyen de lui donner la liberté et l'énergie dont il a besoin dans l'intérêt public. Cela admis, il restait à décider si le président de la République serait une émanation de l'Assemblée nationale, seule représentation de la France, ou s'il puiserait directement son autorité dans le suffrage universel. Les deux opinions étaient soutenues par de bonnes raisons. Néanmoins la majorité ne fut jamais douteuse. On éprouvait je ne sais quel effroi en se figurant une Assemblée ayant la délégation de la souveraineté nationale, faisant les lois et administrant par un président qu'elle choisirait. Ce pouvoir unique, ce despote multiple ne pourrait-il pas s'égarer un jour? N'était-il pas sage, en donnant à l'Assemblée des pouvoirs si étendus, de mettre la force publique en d'autres mains? Le président élu par le suffrage universel ne serait pas l'égal de l'Assemblée, il ne pourrait pas l'entraver dans sa marche vers le bien, mais il serait un obstacle contre le mal. Les honneurs de cette discussion furent pour M. de Lamartine.

M. de Lamartine, objet de la faveur populaire après le 24 février, nommé représentant par dix départements, avait vu depuis son rôle s'amoindrir. Cette âme poétique transportant ses généreuses inspirations dans l'action politique, n'avait pu se plier aux exigences de la réalité. L'homme d'État préoccupé de l'intérêt général ne voit pas ou néglige les intérêts particuliers, les considérations accessoires. Le poëte, au contraire, sympathisant avec tout ce qui l'entoure, comprend tous les sentiments, obéit à toutes les convenances, et quelquefois il lui plaît de sacrifier son intérêt, sa popularité, son ambition.

En voyant M. de Lamartine silencieusement assis sur son banc, en voyant ce noble front où rayonne tant d'intelligence, incliné sous le poids de ses méditations, il m'a semblé quelquefois avoir sous les yeux le prophète encore ému et troublé d'avoir entendu la voix de Dieu. Ce fut en effet la Providence qui inspira au gouvernement provisoire la pensée de *sonder ce grand mystère du suffrage universel* qui renfermait la loi de l'avenir et le salut de l'humanité. Dans cette question de la nomination du président, M. de Lamartine se prononça pour le choix populaire en rappelant le mot que prononça César lorsqu'il passa le Rubicon. Il y a des situations où la sagesse elle-même fait appel à l'inconnu.

Le reste de la Constitution fut voté froidement par l'Assemblée, qui accepta les propositions de la commission sur le Conseil d'état sans bien comprendre l'influence que ce corps ainsi réorganisé exercerait sur les affaires publiques.

Cependant les partis se dessinaient et se divisaient de plus en plus, l'insuffisance du ministère devenait chaque jour plus frappante. Le général Cavaignac comprit la nécessité de le modifier. Tous les ministres ayant donné leur démission, il accepta celles de MM. Sénard, Vaulabelle et Recurt, et il appela M. Dufaure au ministère de l'intérieur, M. Vivien aux travaux publics, et M. Freslon à l'instruction publique. Ces choix étaient excellents ; ils furent accueillis avec la plus grande faveur par l'immense majorité de l'Assemblée. M. Dufaure, dont le caractère et le talent étaient déjà honorés dans la Chambre des députés, avait pris dans l'Assemblée nationale une haute position. Sa parole claire, son raisonnement lucide, déterminaient presque toujours la majorité ; il avait sur elle une autorité véritable. Le général Cavaignac fut bien inspiré en le choisissant pour ministre ; malheureusement il le fit trop tard. Cette modification ministérielle rapprochait le chef du pouvoir exécutif des modérés et le séparait de plus en plus de la Montagne, mais cela ne devait produire aucun résultat. Le général Cavaignac avait donné trop de preuves de sa loyauté, de son intelligence, de son amour de l'ordre et de son dévouement à la République, pour ne pas avoir conquis l'estime de tous les membres de l'Assemblée et l'affection du plus grand nombre ; mais il y avait parmi les représentants des hommes qui n'aimaient pas la République, qui l'avaient vue arriver avec plaisir peut-être, qui ne la trahissaient pas, mais qui la regardaient comme une expérience qu'il fallait subir. Ces hommes auxquels je crois d'ailleurs des opinions très-consciencieuses, ont dû, par cela même que la République leur paraissait un mal inévitable, mais passager, ne lui prêter que la part de concours indispensable pour ne pas la trahir. Il ne pouvait donc entrer dans leurs convenances d'appuyer l'administration du général Cavaignac, car c'eût été consolider la République et faire durer plus longtemps l'expérience que tous leurs efforts tendent à abréger. Il y avait aussi dans l'Assemblée d'autres opinions, d'autres regrets monarchiques, il y avait enfin des ambitions personnelles. Tout cela agissait avec ensemble pour miner, pour discréditer le gouvernement; tout leur était cause ou prétexte. Le bon effet produit par la modification du ministère fut d'ailleurs détruit quelques jours après par le choix du préfet de la Seine.

Dans les élections générales du mois d'avril, trois membres de la famille Bonaparte avaient été nommés représentants du peuple. L'Assemblée n'avait pas hésité à les admettre dans son sein malgré la loi qui les proscrivait. Louis-Napoléon, le chef de la famille, avait été nommé lui-même plusieurs fois; mais par des motifs puisés dans les difficultés des circonstances il avait cru ne devoir pas accepter. Il se décida enfin à rentrer en France, et il parut dans l'Assemblée nationale avec le caractère d'un simple représentant, mais avec une importance morale qui était reconnue et sentie par tout le monde. Dès les premiers jours sa candidature à la présidence de la République fut posée dans l'Assemblée et dans le public. Elle fut immédiatement appuyée par tous les partis hostiles à la République. Parmi les hommes influents qui s'y rallièrent plus tard, plusieurs hésitèrent d'abord. Le général Cavaignac avait prouvé d'une manière éclatante qu'il était un homme d'ordre, il prouvait chaque jour qu'il était un homme de talent; s'il eût voulu accepter ou proposer certaines conditions, on l'aurait appuyé. Mais le général ne proposa rien et il ne sut ou ne voulut pas comprendre les avances qui lui étaient faites. Les hésitations cessèrent alors, et la candidature de Louis-Napoléon compta de nouveaux et utiles partisans.

La majorité de l'Assemblée, éloignée des départements depuis le mois d'avril, ne se rendait pas, il faut bien le reconnaître, un compte exact de l'état des esprits. Elle était encore sous l'impression du mouvement d'enthousiasme qui avait présidé aux élections générales, et elle ne soupçonnait pas le découragement qui lui avait succédé. L'Assemblée n'avait pas à se prononcer sur le choix du président, mais chacun de ses membres comme citoyen, comme homme politique, ne pouvait se dispenser de se préoccuper du résultat de ce grand scrutin qui allait peut-être décider de l'avenir de la France. En voyant les hommes les moins sympathiques à la République appuyer tous le même candidat, malgré la diversité de leurs opinions et de leurs espérances, n'était-il pas à craindre que le lendemain de la victoire chacun de ces partis ne vînt dire au président : C'est moi qui vous ai nommé, vous devez suivre mes inspirations. N'était-il pas à craindre que ces prétentions diverses n'amenassent des complications redoutables? Les hommes qui ayant de l'estime pour les deux candidats ne consultaient que leur raison, voyaient dans le choix du général Cavaignac l'affermissement de la République, et dans le choix de Louis-Napoléon un avenir inconnu.

Mais la sagesse de l'homme n'est que vanité. Pendant que l'on se livrait à ces calculs, la grande voix du peuple se faisait entendre avec un ensemble qui trompait toutes les prévisions. Cette unanimité faisait disparaître tous les dangers, car les suffrages des partis étaient noyés dans ceux de la nation. Le président était l'élu du peuple entier et il avait une entière liberté. Jamais un homme n'eut plus de pouvoir pour faire le bien.

L'Assemblée nationale accueillit ce résultat avec respect. Il lui fut donné de voir s'accomplir dans son sein un de ces actes qui jettent dans la vie et dans l'histoire des peuples l'émotion du drame. Lorsque le résultat définitif du grand scrutin national fut proclamé, Louis-Napoléon fut introduit dans l'Assemblée. Le général Cavaignac monta à la tribune pour annoncer que tous les ministres venaient de lui remettre leur démission et qu'il déposait lui-même devant l'Assemblée les pouvoirs qu'elle lui avait confiés. Il la remercia en peu de mots de la bienveillance qu'elle lui avait toujours témoignée. Il y avait dans l'attitude calme du général et dans l'accent de sa voix une telle dignité que l'Assemblée en fut profondément émue, et que des applaudissements unanimes se firent entendre jusqu'au moment où il se fut assis à la nouvelle place qu'il choisit au côté gauche.

Louis-Napoléon monta ensuite à la tribune : il prêta le serment prescrit par la Constitution et prononça un discours renfermant le programme qu'il voulait suivre dans son administration, programme plein de sagesse et que l'Assemblée entendit avec satisfaction. Ainsi s'accomplit sans pompe, mais au milieu de l'émotion générale, cette première investiture du chef de la démocratie française.

D'après l'un des articles de la Constitution, l'Assemblée constituante devait faire les lois organiques. Frappée de l'inconvénient qui pouvait résulter pour le pays de la prolongation du provisoire, elle avait décrété la nomination immédiate du président de la République, sans croire porter la moindre atteinte à sa propre durée. Il y avait bien quelque chose d'anormal dans la coexistence d'un pouvoir exécutif constitué et d'un pouvoir législatif constituant ; mais, en définitive, l'un et l'autre émanaient du suffrage universel, leurs attributions étaient clairement définies, et s'ils eussent été d'accord ils auraient très-bien pu fonctionner ensemble.

Lorsque le président de la République eut formé son ministère, la première question qui dut se présenter fut celle des rapports du pouvoir exécutif avec l'Assemblée constituante. L'esprit public venait de se manifester dans l'élection du 10 décembre ; il était évident que la France était pour les idées modérées. Le pouvoir exécutif devait donc les prendre pour règle de sa conduite. Pour le triomphe des idées modérées pouvait-il compter sur le concours de l'Assemblée constituante? Devait-il désirer ce concours?

Tous les votes de l'Assemblée, depuis sa réunion, avaient témoigné de sa modération. Nommée dans un moment de surexcitation politique, arrivée à Paris au milieu d'une population menaçante qui, en moins de deux mois, faisait le 15 mai et les journées de juin, elle avait détruit ce foyer révolutionnaire qui menaçait incessamment la République, et le mouvement qui s'était opéré vers les idées de modération était en grande partie son ouvrage. L'Assemblée avait donné bien des preuves de la loyauté de ses intentions; on pouvait donc compter sur elle pour faire le bien. Mais devait-on désirer son concours? Je n'hésite pas à répondre qu'on le devait, et voici pourquoi. L'Assemblée s'était montrée modérée, mais néanmoins elle renfermait dans son sein les hommes politiques les plus exaltés et les chefs de tous les systèmes socialistes. Il eût été bon qu'une assemblée ainsi composée votât dans le sens de la modération toutes les lois organiques. Il eût été bon que l'on vît l'impuissance des partis extrêmes et du socialisme à rien proposer d'admissible, et de les faire assister et concourir à l'organisation de la république sage et modérée. Si l'Assemblée constituante prononçait sa dissolution, il était à peu près certain que ces hommes seraient exclus de l'Assemblée législative. Restés en dehors des pouvoirs publics, ils acquéraient immédiatement une grande force. Toutes les fautes du gouvernement, tous les accidents, tous les malentendus tourneraient à leur profit. Ils pourraient dire à leurs adeptes et à tous les malheureux que s'ils eussent été là les choses auraient été disposées autrement; ils pourraient leur promettre des améliorations auxquelles on croirait, parce que celui qui souffre croit toujours à celui qui lui promet un remède. En un mot, la république rouge aurait désormais une tête et un drapeau.

Il y avait d'autres raisons encore. L'Assemblée, composée d'hommes d'origines politiques diverses, mais réunis au nom de la République par le premier essai du suffrage universel, avait fait la Constitution, et personne ne pouvait douter qu'elle ne fût sincèrement républicaine. En s'unissant à elle, le pouvoir exécutif aurait fait immédiatement disparaître les soupçons des uns, les espérances des autres, et aurait ainsi rassuré l'opinion publique sur l'éventualité de nouvelles commotions.

Je ne sais ce qui se passa dans le conseil des ministres, j'ignore quelles raisons y furent données; mais l'attitude du pouvoir exécutif fit bientôt voir qu'il comptait sur la prochaine retraite de l'Assemblée. Un grand nombre de représentants durent encourager le ministère à manifester ce désir. Le système exclusif adopté par le gouvernement provisoire après le 24 février avait sa réaction. Les républicains les plus attardés dans leur adhésion dirent : Vous nous avez exclus, nous vous exclurons, et nous vous exclurons par le suffrage universel que vous avez inventé. Ce devait être d'ailleurs une espèce de scandale pour les anciens membres du parlement de voir avec quelle liberté certains représentants inconnus discutaient d'égal à égal avec les hommes que l'on avait appelés les princes de la tribune. Ces hommes qui avaient une cour d'admirateurs étaient accoutumés à rencontrer dans leurs contradicteurs les formes de la bienveillance et des louanges pour leur talent. Il est arrivé, je le reconnais, et je l'ai déploré, que les hommes les plus éminents par leur savoir ou leur expérience des affaires n'ont pu exposer leurs opinions dans les bureaux ou à la tribune avec les développements convenables, et que leurs adversaires ont quelquefois manqué de bienveillance pour eux. Il ne faut pas s'en étonner. Les anciens députés, membres d'un corps qui n'était qu'une fraction du gouvernement, et destinés à passer ensemble tout le temps d'une législature, devaient avoir entre eux des relations habituelles par esprit de corps, et aussi parce qu'ils étaient tous choisis dans le même milieu social. Les membres de l'Assemblée constituante, recrutés dans tous les degrés de la société, chargés d'une mission unique, occupés sans relâche, n'avaient pas le temps et n'éprouvaient pas le besoin de se lier entre eux. Ils étaient l'Assemblée nationale souveraine, et parmi eux, comme dans la nation, se trouvaient tous les partis, toutes les opinions, toutes les nuances, toutes les passions. Les discussions n'étaient pas des tournois à armes émoussées, elles étaient des combats véritables où les blessures étaient quelquefois profondes.

Une telle assemblée n'était pas agréable, elle n'était pas complaisante, elle pouvait devenir un obstacle. C'était plus qu'il n'en fallait pour que ceux qui regardent la République comme une épreuve désirassent voir arriver le plus promptement possible une Chambre législative d'où seront exclus tous ceux dont les opinions déplaisent ou font peur.

On se mit à l'œuvre et l'on provoqua sur tous les points de la France des manifestations contre l'Assemblée nationale. Les pétitions arrivèrent en foule, et afin que personne ne pût se méprendre sur leur portée politique, le maréchal Bugeaud ne rompit le silence qu'il avait gardé depuis son élection que pour venir à la tribune déposer une de ces pétitions.

Enfin la proposition de M. Rateau, qui fixait la dissolution de l'Assemblée à un jour prochain, fut mise à l'ordre du jour. Jusqu'à ce moment il y avait incertitude dans beaucoup d'esprits, on attendait les motifs qui seraient donnés à l'appui de cette proposition pour en apprécier l'importance. On voyait bien dans le pays un mouvement qui poussait à la dissolution; mais ce mouvement était-il profond ou seulement à la surface? Était-il l'effet du sentiment public ou seulement le résultat des intrigues d'un parti? nul ne le savait, et l'on pouvait soutenir le pour et le contre. Quant à la question en elle-même, dégagée des considérations extérieures, chacun y avait réfléchi et savait ce qu'il avait à faire. La discussion commencée, M. le président du conseil des ministres demanda la parole. En le voyant monter à la tribune, on dut penser qu'il venait au nom du gouvernement exposer à l'Assemblée les motifs d'intérêt public qui devaient la déterminer à prolonger son existence, on dut penser qu'en homme d'État habile il choisissait cette occasion de sceller entre le pouvoir exécutif et l'Assemblée nationale une alliance qui devait tout rassurer dans la nation. On se trompait; le ministère venait dire à l'Assemblée nationale qu'elle était un obstacle au gouvernement régulier et qu'elle devait se retirer. Ce n'était rien moins qu'un coup d'État moral.

Cette position du pouvoir exécutif envers l'Assemblée donnait à la question une importance imprévue; c'était maintenant une question de vie ou de mort pour la République. On ne pouvait mesurer sans en être effrayé la profondeur de l'abîme dans lequel la France pouvait être entraînée, si une lutte s'établissait immédiatement entre l'Assemblée souveraine et le président qui venait de réunir cinq millions et demi de suffrages: l'autorité devait y périr au milieu des convulsions de la guerre civile. Dans cet état de choses, lorsque son intérêt personnel était en cause et pouvait paraître la dominer, que devait faire l'Assemblée nationale? Sûre d'avoir rempli sa mission, sinon avec éclat, du moins avec zèle et honnêteté, elle devait revenir vers le peuple et puiser dans une élection nouvelle la force nécessaire pour le défendre et le représenter dignement. La majorité le comprit ainsi, et en décrétant la convocation prochaine de l'Assemblée législative, elle adopta le parti le plus sage, le plus constitutionnel, et par conséquent le plus honorable.

Le moment n'est pas venu de juger la politique du ministère dans cette question; elle ne produira ses conséquences qu'après les élections et dans un avenir plus ou moins éloigné. Faisons des vœux pour que ces conséquences soient heureuses et pour que le pouvoir exécutif ne se trouve jamais en présence d'une Assemblée nationale plus agitée et moins sage que l'Assemblée constituante!

L'histoire remarquera qu'il fut dans la destinée de cette dernière Assemblée d'être repoussée dans les premiers jours de son existence par les républicains de la veille, par les démagogues, et d'être également repoussée dans ses derniers jours par les grands seigneurs de tous les régimes. Tel est le sort de la modération et du bon sens dans les temps de crise où les passions sont en jeu. L'Assemblée n'étant préoccupée que du désir de consolider la République et d'améliorer le sort du peuple, n'a pas plus convenu aux passions blanches qu'elle n'avait satisfait les passions rouges.

J'ai essayé de rendre compte des principales phases de la vie politique de l'Assemblée constituante. Je dois dire un mot de sa mission relativement aux finances de l'État.

La révolution de 1848 fut surtout une crise financière. La monarchie laissa une dette flottante de 800 millions exigibles immédiatement. La crainte que la situation politique inspira aux capitalistes les engagea à faire rentrer leurs fonds. Les transactions n'ayant plus d'aliments, furent suspendues, les droits que le trésor perçoit sur l'enregistrement diminuèrent considérablement; le commerce ne fit point d'approvisionnements, et les douanes ne produisirent que de faibles recettes. En un mot, toutes les contributions indirectes, qui sont produites par le mouvement des affaires, diminuèrent dans une proportion effrayante. Les sources du trésor public étaient taries, et cependant il fallait pourvoir aux dépenses publiques; il fallait pourvoir au paiement de la dette, sous peine de faire banqueroute et de déshonorer la République aux yeux du monde. Il fallait pourvoir à l'entretien de l'armée et de tous les services publics, sous peine de voir la France plongée dans les horreurs de l'anarchie. Il fallait donc se procurer de l'argent. Pour cela, il n'y avait que deux moyens : emprunter, ou établir de nouveaux impôts. Le gouvernement provisoire, ne comptant pas sur le crédit, avait décrété l'impôt des 45 centimes. L'Assemblée nationale fut appelée peu de jours après sa réunion à le régulariser. Dans son inexpérience et dans une situation qui se présentait sous les apparences les plus effrayantes, l'Assemblée, il faut en convenir, recula devant les conséquences du refus des 45 centimes; elle ne comprit pas les fâcheux résultats que devait produire cette contribution, rendue plus onéreuse par l'avilissement du prix des récoltes de toute espèce. Peut-être, en ayant recours à un emprunt

forcé ou à quelque autre mesure révolutionnaire, aurait-on
pu la supprimer ; mais cela aurait eu aussi de graves, de plus
graves inconvénients.

A ce propos, il me paraît convenable d'établir clairement
quel est le véritable état de la France relativement à l'impôt, afin
que personne ne puisse se faire illusion. Après la révolution de
1789, les biens appartenant aux corporations religieuses et ceux
des émigrés furent vendus au profit de l'État, qui employa le
prix de ces ventes au paiement d'une partie des dépenses
qu'elle entraîna. En 1848, l'État ne disposait d'aucune res-
source semblable. Toutes les terres, en France, sauf quelques forêts, sont devenues des propriétés particulières. Le
trésor public se compose donc exclusivement de contributions
que les citoyens y versent. La contribution est directe ou
indirecte. La contribution directe est celle qui est payée chez le
percepteur pour les propriétés foncières ou mobilières que l'on
possède, pour sa personne, pour les portes et fenêtres et pour
les patentes. Les contributions indirectes sont celles qui ne sont
payées que dans certains cas, à raison de certains faits, les uns
volontaires, les autres involontaires. Ainsi l'on paie des droits
de douanes lorsque l'on introduit en France des marchandises
étrangères. On paie des droits de succession lorsqu'on recueille
un héritage, des droits d'enregistrement lorsqu'on passe un
acte portant vente, obligation, ou toute autre convention ; on
paie un droit pour la vente et le transport du vin. On paie un
droit toutes les fois que l'on achète un cigarre ou une once de
tabac, car c'est le gouvernement qui vend ce tabac, et il le vend
beaucoup plus cher qu'il ne l'achète.

Il est facile de comprendre que lorsque les affaires sont en
prospérité, que le commerce marche bien et qu'il s'opère beaucoup de transactions, toutes ces branches de contributions indirectes doivent produire d'abondantes recettes. Mais lorsque les
affaires diminuent, les produits indirects diminuent en proportion. La contribution directe est donc la seule sur laquelle on
puisse compter à coup sûr. Lorsque les contributions indirectes

diminuent, si le trésor public a besoin d'argent, il ne peut s'adresser qu'à la contribution directe. On peut aussi contracter un emprunt; mais si l'on ne trouve pas à emprunter, il faut forcément avoir recours à l'impôt direct.

Il est bon que tout le monde se rende bien compte de cela et que chacun comprenne qu'il a dans sa bourse une partie du trésor public. Il faut que le paysan sache bien que devenu maître de son champ, il détient une partie de la richesse nationale et qu'il doit contribuer aux dépenses publiques en proportion de ce qu'il possède. Il faut surtout que tout le monde comprenne que le bon ordre et la paix augmentant les affaires, augmentent le produit des contributions indirectes et permettent de diminuer les impôts directs; que les troubles, les révolutions et la guerre civile paralysant les affaires, et enlevant tout crédit à l'Etat, diminuent les produits indirects et forcent le gouvernement à augmenter les impôts directs. Il faut que tout le monde sache cela, afin que l'on comprenne bien que chacun doit s'opposer à de nouvelles révolutions, non-seulement dans l'intérêt de son repos, mais encore dans l'intérêt de sa bourse.

Le gouvernement provisoire avait imaginé la création d'un impôt sur les créances hypothécaires. D'après la loi, c'était le créancier qui devait le payer. Il fut démontré que le prêteur sur hypothèque était en général le plus pauvre et le plus timide; mais la loi avait beau mettre l'impôt à sa charge, il était évident que presque toujours il serait demeuré à la charge du débiteur. Le créancier aurait dit à celui-ci : Je ne veux pas payer une contribution pour vous rendre service; remboursez-moi, ou bien payez l'impôt vous-même. Et le débiteur hors d'état de rembourser le capital aurait subi cette augmentation d'intérêt. Le débiteur hypothécaire est toujours un propriétaire plus ou moins gêné. L'Assemblée comprit cela et manifesta de la répugnance contre cette loi qui fut retirée par le ministre.

Le gouvernement provisoire avait promis la suppression de

l'impôt du sel pour l'année 1849. Plus tard, le ministère était venu demander l'annulation de ce décret à cause des besoins du trésor. L'Assemblée ayant été appelée à en délibérer, réduisit le droit de vingt francs par 100 kil. Comme ce fut le premier vote financier après la nomination du président de la République, les ennemis de l'Assemblée nationale prétendirent que c'était un acte d'opposition contre lui, ou contre ses ministres. C'était une erreur ou une calomnie inventée par l'esprit de parti. L'impôt du sel ne pèse pas également sur tous les citoyens. Le riche ne consomme pas plus de sel que le pauvre, il en consomme moins en général. Cet impôt était donc presque exclusivement supporté par les propriétaires ou les ouvriers peu aisés. Voici en chiffres le résultat de cette loi dans les départements du Midi, du moins dans ceux où la propriété est la plus morcelée et où les paysans sont les plus pauvres. On s'y nourrit ordinairement de légumes et de plantes, dont le sel forme le seul assaisonnement. Chaque ménage fait sa provision de graisse et de viande salée pour toute l'année. La diminution du droit sur le sel est de deux francs par décalitre. Le plus pauvre ménage consomme au moins deux décalitres de sel par an : c'est donc un dégrèvement de quatre francs qui lui a été accordé. Celui qui a plus d'aisance fait plus de salaisons, et s'il emploie le double, le triple de sel, le dégrèvement devient pour lui de huit, de douze francs. Pour certains propriétaires, il s'élève beaucoup plus haut. Dans ces mêmes départements, les cotes des contributions sont très-nombreuses, mais très-peu élevées. Il y en a qui sont au-dessous de l'économie que le contribuable réalisera sur la diminution du sel. Il y en a un très-grand nombre, le plus grand nombre peut-être, pour qui cette diminution de droits sur le sel sera le remboursement de l'impôt des 45 centimes. Voilà les raisons qui déterminèrent l'Assemblée. Appelée à prononcer sur une taxe dont le ministre lui-même reconnaissait l'iniquité, l'Assemblée dut la réduire à des proportions raisonnables, sauf à combler par d'autres moyens qui ne fussent pas iniques, le vide que cette diminution laisserait dans les caisses de l'État.

La loi par laquelle la taxe unique a été adoptée pour les lettres transportées par la poste ne paraît pas devoir réduire considérablement les recettes. Elle est un bienfait pour les départements éloignés de Paris, qui est le grand centre des affaires de toute nature. Il y a pour les départements des avantages ou des inconvénients de situation qui sont naturels et inévitables ; mais sous le régime de l'égalité, il ne devait pas y avoir des avantages et des inconvénients de position créés par la loi.

L'Assemblée a adopté une mesure en vertu de laquelle les biens appartenant aux communes , aux hospices et aux établissements publics, paieront un supplément de contribution directe, en représentation des droits de mutation auxquels ces biens donneraient ouverture, s'ils appartenaient à des particuliers. Il est certain qu'en général ces biens sont vendus plus rarement que les autres ; mais ils le sont quelquefois, et alors ils acquittent les droits ordinaires. Il y a des biens appartenant à des particuliers, qui demeurent dans la même famille pendant plusieurs générations, et qui à chaque génération sont soumis à un léger droit de succession en ligne directe. Il y en a d'autres qui, dans l'espace d'un an, sont donnés ou vendus trois ou quatre fois, et qui, dans cette seule année, versent dans les caisses de l'enregistrement le tiers de leur valeur. Tout cela est donc fort arbitraire, et le principe de la loi n'est pas bon.

Voilà, si je ne me trompe, les principales mesures destinées à affecter les recettes du trésor. Il y avait eu d'autres propositions qui ont été retirées. Tout le monde sait que quels que pussent être les artifices financiers employés pour rendre un nouvel impôt moins effrayant, il faudrait en définitive qu'il fût payé par les contribuables , et les contribuables sont sans ressources. Il n'y a qu'un seul moyen de sortir d'embarras, c'est de faire des économies.

C'est ici que commencent les difficultés. On ne peut faire des économies qu'en diminuant les dépenses ; or, l'appréciation des dépenses n'est pas une question simple comme celle des recettes. L'appréciation des dépenses entraîne l'examen et la discussion de tout le système du gouvernement, de son organisation et de sa politique. Il y a d'abord la dette publique sur laquelle on ne peut opérer aucune réduction. L'on pourrait certainement imposer les rentiers avec justice ; mais dans les temps de crise, où l'État est comme un débiteur aux abois, ses créanciers peuvent lui faire et lui font en effet les conditions les plus dures. Comme la confiance qu'il inspire diminue, l'on ne risque son argent avec lui qu'en vue d'un bénéfice proportionné au danger que l'on peut courir. Dans les temps de crise, au lieu de faire la loi au capital et de lui imposer une taxe, il faut s'incliner devant lui et ne pas l'effrayer. Cela est humiliant pour l'État : il est contraire au bon sens de voir le trésor public, le trésor de la France, obligé d'avoir recours dans ses besoins à quelques banquiers. C'est là le résultat de nos désastres de 1814 et de 1815, et surtout des mauvais systèmes financiers qui ont été pratiqués sous la Restauration et particulièrement sous le règne de Louis-Philippe. Le bon sens disait que pendant la paix il fallait liquider la position en remboursant les créanciers de l'État. Au lieu de cela, le gouvernement augmenta ses dépenses, empruntant toujours comme un fils de famille prodigue qui dissipe d'avance l'héritage de son père. L'argent ainsi dépensé devait, au dire des économistes, produire une prospérité si grande, que l'on avait formulé cette maxime : l'impôt est le meilleur placement. Qu'est-il arrivé, c'est qu'il a suffi d'un souffle pour renverser cette prospérité factice, et la France est demeurée accablée sous le poids de sa dette, tellement grossie désormais que l'espoir de la rembourser est presque une chimère.

Que l'opinion publique ne s'y trompe donc pas, si la République éprouve des embarras, si elle cause des douleurs aux contribuables, c'est que la France traîne à son pied le boulet de

la dette publique que lui attachèrent l'imprévoyance et la pro-
digalité de la monarchie.

Ainsi, voilà le service de la dette publique sur lequel il n'y a
point d'économie possible. Peut-on changer l'organisation administrative? Cette organisation est sans doute susceptible de
quelques modifications; mais elle se compose de rouages si bien
montés que ce serait une folie de la détruire, et il est douteux
qu'en la détruisant, l'on en créât une autre qui coûtât moins
cher. Les seules économies possibles doivent être réalisées sur
les travaux publics, sur l'armée et sur la marine. Mais ici se
présentent les questions les plus graves de politique intérieure
et extérieure. De grands travaux publics sont commencés sur
plusieurs points, les abandonnera-t-on, et perdra-t-on ainsi tout
ce qu'ils ont déjà coûté? laissera-t-on sans ouvrage toute la population que ces travaux faisaient vivre?

L'armée est dans ce moment la sauvegarde de l'ordre à l'intérieur et peut être appelée d'un jour à l'autre à combattre à
l'extérieur. Dans une telle situation, peut-on désarmer sans im-
prudence?

L'armée navale est destinée à jouer, dans nos relations extérieures, un rôle plus actif que l'armée de terre. Les mêmes
considérations sont donc communes à l'armée de terre et à
l'armée de mer.

Tout le monde peut comprendre combien ces questions ont
d'importance et combien il est difficile de les résoudre. Il
faudra pourtant trouver une solution, car c'est surtout pour
réduire les dépenses de l'État que la République a été fondée et
qu'elle a été acceptée par la France. La commission du budget
propose des économies considérables, et l'Assemblée a com-
mencé avec résolution à s'engager dans cette voie.

L'Assemblée constituante, qui renferme dans son sein un
grand nombre d'hommes de talent, n'a pas eu son Mirabeau.
Elle n'a pas rencontré non plus un financier de premier ordre.
C'est moins la faute des hommes que l'effet des circonstances.

Lorsque la première Constituante se réunit en 1789, la nation, parvenue à ce degré de force et d'agitation morale qui est dans la vie des peuples ce qu'est pour l'individu l'âge de la virilité, brisa violemment ce qui restait de l'ancien édifice féodal, elle aspira avec délices l'air de la liberté, et elle célébra son émancipation avec tout l'enthousiasme de la jeunesse et du bonheur. Ce fut l'heure de l'éloquence et des grandes inspirations. L'orateur et l'auditoire réagissaient l'un sur l'autre, électrisés par le succès, par cette grande victoire remportée après quatorze siècles d'oppression. Cette génération d'hommes, qui avaient été élevés en grands seigneurs et qui avaient été menés à l'insurrection par la philosophie, sera l'admiration de la postérité. Elle ne put pas dominer les événements, mais elle les modifia et leur donna l'intérêt et l'éclat.

Aujourd'hui les circonstances sont différentes ; nous avons vu le revers de cette brillante médaille. Nés libres, élevés dans des idées d'égalité, nous apprécions sans enthousiasme ces droits dont nous avons toujours joui. En devenant un peuple libre, la France délivrée de ses tuteurs a dû veiller elle-même à ses intérêts. Son inexpérience lui a fait commettre plus d'une faute. Elle a essayé de bien des régimes. Il n'est pas étonnant qu'au moment où elle met de côté les moyens empiriques de gouvernement sur lesquels elle avait compté, et où elle prend en personne l'administration de ses affaires, elle ne soit plus disposée à réfléchir qu'à se réjouir. La jeunesse et la poésie sont passées. La démocratie française est arrivée à l'époque des affaires sérieuses. Il faut liquider ses dettes ; cela prête peu à l'éloquence, surtout lorsqu'il faut faire cette liquidation après une crise profonde dans les finances et au milieu d'une crise politique plus dangereuse encore. Ces raisons expliquent pourquoi le bon sens a été la qualité principale de la Constituante de 1848. Du reste, elle n'a pas été au bout de sa carrière ; dès les premiers jours de son existence, elle a trouvé la société bouleversée et elle a dû la remettre sur ses bases. Les nécessités du moment étaient si impérieuses qu'elle n'a pu réaliser que quelques faibles économies. Elle a fait la Constitution contenant les principes qu'elle voulait développer dans les lois organiques, et les circonstances la forcent à se dissoudre sans avoir rempli son mandat. Née de l'élection du 23 avril, au milieu de la lutte des partis, elle a vécu, elle meurt au milieu des passions. Le gouvernement provisoire excluait tout ce qui n'était pas républicain de la veille. Après les journées de juin, le pouvoir, devenu moins exclusif, n'admit pourtant que trop tard des hommes qui avaient acquis l'expérience des affaires sous le gouvernement déchu. Depuis le 10 décembre, les modérés excluent à leur tour les anciens républicains. Ces exclusions successives et réciproques sont, je n'en doute pas, la cause qui a entretenu et qui entretient encore le malaise et la défiance dans le pays. Ce malaise ne cessera que lorsque la France et les hommes politiques comprendront qu'au temps où nous sommes la froide raison doit seule diriger. Le gouvernement est une affaire de raisonnement et de calcul et non de sentiment. Ne permettez donc pas à la passion d'y pénétrer.

En se retirant, l'Assemblée constituante laisse entières les questions qu'elle avait mission de résoudre. Elle a posé des principes dans la Constitution, mais elle n'a rien organisé. La plus grande partie de son temps a été occupée à éteindre des incendies et à relever la société défaillante. Forcée de pourvoir aux nécessités de chaque jour, elle a administré et n'a pu rien fonder pour l'avenir. L'Assemblée législative trouvera donc la situation matérielle et morale de la France, telle qu'elle était il y a un an, avec les ateliers nationaux de moins et une puissante armée de plus.

Comme alors, il faut pourvoir à la subsistance d'une population qui va toujours croissant. L'on a prétendu que plus la population est nombreuse et plus les produits de la terre sont abondants. Cela est vrai dans une certaine mesure. Les terres, qui avaient été mal cultivées, donnent de meilleures récoltes lorsqu'elles sont divisées et que chaque parcelle est travaillée avec soin. Mais la fertilité de la terre a une limite qui est déjà atteinte dans plusieurs communes. L'augmentation de la population ne peut d'ailleurs accroître les produits du sol que dans la proportion des nouveaux bras qui le cultivent. S'il arrivait que la population s'augmentât et que le nombre des bras occupés à la terre demeurât stationnaire ou même diminuât, l'équilibre serait évidemment rompu entre la production et la consommation. J'ignore si le gouvernement, qui fait faire la statistique de tant de choses, possède les documents nécessaires pour savoir si le nombre des ouvriers employés aux travaux publics, et dans les ateliers industriels qui ont été établis depuis trente ans, et celui des soldats en activité de service, n'équivalent pas au chiffre de l'augmentation qui a eu lieu depuis la même époque dans la population. S'il était vrai, et cela est certainement vrai jusqu'à un certain point, que le nombre des cultivateurs de terres étant resté le même, il fallût pourvoir à la nourriture de plusieurs millions de personnes de plus, il serait facile de comprendre qu'il y a là un danger ou du moins un grave sujet de sollicitude. En 1847, la disette des grains s'est manifestée dans toute l'Europe. La France a dû exporter plus de cent millions de numéraire pour avoir du blé étranger. Or, tous les grains qui sont entrés dans nos ports n'auraient pas suffi à l'alimentation de la France pendant trente-six jours. Si la population eût été moindre d'un dixième, il n'eût donc pas été nécessaire de faire venir du blé de l'étranger.

Cette population, il ne faut pas seulement la nourrir, il faut encore la vêtir et pourvoir à tous ses besoins. On répond à cela : « Mais cet excédant de population travaille, il crée des produits dont la valeur dépasse le montant de ses consommations ». Cela est vrai, sans doute, lorsque le commerce et l'industrie sont en prospérité ; mais pour peu qu'il arrive une crise quelconque, le travail industriel s'arrête, et alors la population ouvrière, consommant toujours et ne produisant plus, épuise ses économies, tombe dans la misère la plus profonde, et devient pour l'État un lourd fardeau.

Le bénéfice que peut produire le travail de la France entière n'est pas illimité. Il est borné par les besoins du marché intérieur et les exportations à l'extérieur. Ce bénéfice peut être représenté par une somme que l'on fixera aussi haut que l'on voudra. Quel qu'en soit le chiffre, il est évident que s'il est réparti entre un petit nombre de personnes, la part de chacune d'elles sera considérable, et que cette part diminuera en proportion du nombre des parties prenantes. Quoi qu'en puisse dire la théorie, il est donc certain que l'augmentation de la population diminuant le bénéfice de chacun et créant une concurrence chaque jour plus active, la masse doit être plus pauvre et éprouver plus de souffrances.

L'homme d'État doit tenir compte de tout cela, car tout cela entre dans les termes du problème à résoudre. La plupart des questions qui s'agitent en France ne sont politiques qu'à la surface. Au fond ce sont des questions de subsistance, de bien-être et d'intérêt. Voilà pourquoi elles sont si difficiles. Il y a des systèmes qui affirment que si la société voulait les mettre en pratique, chacun serait riche, heureux et content. Ces systèmes sont tellement séduisants qu'ils auraient certainement été adoptés avec bonheur par tout le monde, si le bon sens public n'avait compris qu'ils reposaient sur des erreurs. Ce qui est vrai, c'est qu'il y a une masse limitée de produits naturels et artificiels qui forme la richesse générale. La richesse générale doit pourvoir d'abord à la subsistance de chacun ; cela fait, il reste un peu d'excédant qui va diminuant chaque jour. Ce superflu retourne à la masse par les dépenses de luxe qu'il paie ; mais par ce luxe même, il procure à ceux qui le possèdent des jouissances exceptionnelles.

C'est ce superflu que l'on se dispute dans les discussions qui divisent la France et tout à l'heure l'Europe entière.

La génération actuelle, à qui l'on a appris à lire, à écrire, à calculer, à réfléchir, connaît les droits politiques qui lui sont garantis par la Constitution, et elle vous dit : Tous les Français sont égaux devant la loi. Il y a soixante ans que cela est ainsi ; mais pendant longtemps, malgré cette égalité légale, il y avait une inégalité réelle entre l'homme qui avait reçu une bonne éducation, et le paysan ou l'ouvrier qui ne savaient pas lire, et dont l'intelligence ne se développait que dans le cercle borné de leurs occupations. Aujourd'hui cette dernière inégalité a disparu. Toutes les communes ont leur instituteur, et maintenant le savoir n'est plus un privilége, tout le monde en a un peu plus un peu moins. Puisque nous sommes tous égaux, non-seulement devant la loi, mais aussi par l'intelligence, pourquoi n'aurions-nous pas chacun notre part des jouissances que le luxe procure ? Nous ne voulons dépouiller personne, mais nous vous demandons des institutions qui favorisent la décentralisation de la richesse, afin qu'elle soit plus accessible aux hommes qui sont dignes de la posséder.

Voilà ce que disent ceux qui ne possèdent pas. Mais ceux qui possèdent tiennent un autre langage. Ils assurent que l'on ne peut rien changer aux relations actuellement existantes sans bouleverser la société. Ils ne se bornent pas à raisonner, ils agissent, et, comme ils sont les maîtres des capitaux, ils font la loi à l'État. Ils tiennent les cordons de la bourse. C'est une grande puissance. Après la révolution de février, l'on a vu tous les travaux industriels s'arrêter dans Paris par suite du départ des familles riches. Les possesseurs des capitaux nous disent : Nous garderons nos écus, ou nous les mettrons en circulation selon que vous gouvernerez. Si vous maintenez les choses dans un état raisonnable et favorable à nos intérêts, nous vous prêterons notre argent. Si, au contraire, vous adoptez des nouveautés, nous porterons nos fonds sur les marchés étrangers, et vous vous débattrez dans votre misère et votre impuissance.

Telles sont les difficultés matérielles de notre position. Le principe de l'égalité adopté par nos pères développe ses conséquences, comme on devait le prévoir. Les uns les regardent comme un droit, et les autres comme une usurpation. Tous les intérêts sont en présence; jamais situation ne fut plus délicate.

D'un autre côté, la liberté, cet autre principe de notre droit public, a modifié profondément toutes les parties de l'activité sociale et produit partout des avantages et des abus. Elle exige sur bien des points une organisation qui favorise le développement du bien, qui étouffe le mal, et sans laquelle la liberté ne serait que le désordre. Les hommes d'État qui ne comprenant pas l'importance de ces questions, ne s'appliqueraient pas à les résoudre, seraient bien imprudents ! Après 1830, elles étaient déjà posées ; alors elles n'étaient pas menaçantes, et le gouvernement aurait pu facilement en préparer la solution, mais il les dédaigna. Elles ont grandi à côté de lui, en dehors de lui, jusqu'au jour où leur développement est devenu tel qu'elles n'ont plus laissé de place pour ce trône constitutionnel qui a disparu en quelques heures. Dix-huit années se sont écoulées pendant lesquelles le gouvernement a eu des yeux pour ne pas voir et des oreilles pour ne pas entendre. Tandis que le flot populaire montait et allait tout envahir, ils jouaient paisiblement au jeu des ministères !

L'Assemblé législative aura devant elle une vaste et difficile carrière; mais pourra-t-elle la parcourir? ne sera-t-elle pas à son tour détournée de son but comme l'a été l'Assemblée constituante ? S'il fallait en croire ce qui se dit, ce qui s'imprime chaque jour à Paris et dans les départements, elle aurait à pourvoir à d'autres nécessités. La République serait remise en question. La France, persuadée qu'elle lui doit les maux qu'elle souffre, ne voudrait plus de ce gouvernement; il y aurait lieu de décider plus tard, car à chaque jour suffit son mal, quelle serait la monarchie qui serait adoptée: l'empire, la royauté constitutionnelle ou la royauté légitime. Ainsi, l'on ne parle de rien moins que de regarder comme non avenues les soixante années qui viennent de s'écouler avec quelque retentissement dans le monde, pour reprendre les choses au point où elles étaient lorsque les états généraux se réunirent en 1789. On peut dire aujourd'hui, comme en 1814 : Les partis n'ont rien appris et n'ont rien oublié.

Assurément, en 1789, au lieu de faire une révolution sociale et politique on aurait pu peut-être, en octroyant une Charte et des droits au peuple, conserver l'ancienne forme aristocratique de la monarchie, et faire quelque chose de semblable au gouvernement anglais ; mais la révolution sociale avait précédé la révolution politique. L'aristocratie, privée de son pouvoir par la royauté, avait été privée de ses richesses par ses habitudes et ses préjugés. Le noble se ruinait à la cour et il ne pouvait rien faire pour rétablir sa fortune, car tout travail dérogeait. Pendant ce temps, le tiers-état s'enrichissait de ses dépouilles, et la noblesse n'était déjà plus qu'un brillant fantôme lorsque la Révolution éclata. Ce qui ne fut pas possible en 1789 serait-il réalisable en 1849 ? Oui, cela pourrait être réalisé, si la France reconnaissait, 1° qu'elle commit une faute en se dérobant au joug de ceux qui l'opprimaient depuis tant de siècles ; 2° qu'en abolissant les priviléges de la noblesse elle détruisit les garanties de la prospérité du peuple ; 3° que la liberté lui pèse, qu'elle s'en trouve indigne, et qu'elle ne peut être heureuse que sous un maître. La démocratie française, qui a déjà un passé glorieux, fera-t-elle ainsi son *meâ culpâ* devant les fils des croisés ? Le fera-t-elle quand elle a déjà exercé deux fois le suffrage universel ? Ceux qui le croient ne connaissent pas la France, ou bien ils espèrent la tromper.

Remarquez bien que la monarchie légitime est la seule qui pût être logiquement adoptée par ceux qui ne voudraient pas de la République. La monarchie légitime repose sur le principe de son autorité propre, ce qui fait que le principe étant adopté, l'autorité n'est plus sujette à contestation, et qu'elle s'exerce avec toute l'énergie nécessaire dans toutes les circonstances. Cette autorité, lorsqu'elle est placée entre des mains habiles et honnêtes, est, il faut en convenir, la plus puissante sauvegarde de la société, comme elle en est l'épouvante si elle est exercée par un tyran. Il y a le bon et le mauvais côté de l'institution ; mais enfin, c'est une institution puissante qui se trouva appropriée aux besoins des peuples pendant bien des siècles, et sous laquelle on conçoit que ceux qui occupaient les premiers rangs de la société veuillent s'abriter encore. Elle n'a pas les avantages, mais aussi elle n'a pas les inconvénients de la République.

Toutes les autres monarchies, provenant de l'élection populaire, donnent lieu à une objection grave, c'est qu'elles ne sont pas des monarchies, qu'elles sont tout simplement des modifications de la République, ayant le même principe, reposant comme elle sur la souveraineté du peuple, n'ayant par conséquent d'autre autorité que celle qu'elles tiennent de lui et ne possédant aucune force qui leur soit propre. Elles ont tous les inconvénients de la République et n'ont pas les avantages de la monarchie véritable. Après l'essai qui a été fait de monarchie bâtarde, depuis 1830, sous un roi personnellement doué de qualités et de talents remarquables, il doit être prouvé pour tout le monde qu'il n'y a pas de milieu possible entre la légitimité et la République.

. La République est dans ce moment l'État légal de la France ; elle est depuis longtemps dans ses habitudes et dans ses goûts. Le suffrage universel, qui fait participer le plus humble citoyen au gouvernement, a été accepté par elle avec bonheur, et c'est une conquête qu'il est désormais impossible de lui ravir. Or, le suffrage universel, c'est la République elle-même ; c'est la mise en action du principe de l'égalité, et la garantie de tous les droits du peuple. Si par l'effet d'une surprise ou d'une série de catastrophes la monarchie était rétablie en France, son premier devoir serait de supprimer le suffrage universel ; car avec lui, par la force des choses, le roi légitime lui-même ne serait en réalité qu'un président de république, dont les pouvoirs n'expireraient pas à jour fixe, mais qui serait emporté par le premier mécontentement de la nation. Il n'y a de roi possible qu'à la condition d'avoir des sujets, et les sujets n'ont pas de droits politiques. Le citoyen qui con-

court au suffrage universel est une fraction du souverain, et
là où il y a un roi véritable, il ne peut y avoir d'autre souverain que le roi. Le suffrage universel est donc radicalement
incompatible avec la monarchie légitime.

Il est bon que chacun se rende compte de cela au moment
où se préparent les élections des membres de l'Assemblée
législative. La composition de cette Assemblée exercera sur les
destinées de la France une influence peut-être décisive. Que
les électeurs comprennent donc toute l'importance des votes
qu'ils vont déposer dans l'urne !

Trois partis principaux vont agir sur l'opinion publique :

Les républicains de la veille, que j'appellerai les républicains
ardents, parce que chez eux l'amour de la République ressemble
plus à un culte qu'à une opinion, et qu'ils ont les qualités et les
défauts des sectaires, la foi, la passion et l'aveuglement ;

Les partisans de la monarchie, qui se divisent en trois camps
actuellement réunis contre la République, mais qui se bat-
traient les uns contre les autres le lendemain du jour où ils
l'auraient renversée : là se trouvent ensemble ceux qui rêvent
une restauration impériale, ceux qui regrettent la régence
avec le comte de Paris, et les fidèles sujets du roi légitime ;

Enfin les républicains modérés, c'est-à-dire ceux qui,
avant le 24 février, ne demandaient pas la République, qui ne
la croyaient pas encore possible, mais qui, la voyant établie
par la volonté de la Providence, l'ont acceptée loyalement et
sans arrière-pensée.

Ce qui se passe en France dans ce moment est sans exemple
dans l'histoire. Voici une nation de trente-cinq millions d'âmes
où l'on discute librement, en plein soleil, si le gouvernement
qui existe ne doit pas être remplacé par un autre, par un gouvernement quelconque, sur lequel on n'est pas même d'accord. Il faut que la raison publique soit bien forte, ou que le
jour de la dissolution sociale soit bien proche pour expliquer
une si grande tolérance.

Nous sommes dans un de ces moments suprêmes, où les

nations, en proie au doute, interrogent leurs destinées, et où toutes les prétentions se montrent au grand jour, parce que toutes peuvent avoir des chances de succès. Il y a dans la société assez de gêne, assez de douleur, assez d'incertitude de l'avenir, pour que personne ne prenne la peine de déguiser sa pensée. Les questions sont nettement posées : Faut-il consolider la République? Faut-il adopter une autre forme de gouvernement?

Si tout le monde était désintéressé, c'est-à-dire si telle décision ne devait pas être plus avantageuse à certains partis que telle autre, la raison seule serait consultée, et sans aucun doute la solution serait la meilleure possible; mais il n'en est pas ainsi. Il y a des intérêts, de grands intérêts, des intérêts d'amour-propre et de fortune qui recevraient satisfaction, si, par exemple, la légitimité était rétablie, et qui seront froissés si la République est maintenue. Je sais parfaitement qu'il y a des hommes qui ont le culte de leurs opinions et qui agissent par conviction et non par un calcul intéressé ; mais que l'on y regarde de bien près, et l'on reconnaîtra que la considération d'un résultat qui doit flatter sa vanité ou son orgueil, influe toujours plus ou moins sur les convictions de l'homme le plus honnête et le plus loyal. L'ancienne noblesse, qui depuis soixante ans ne peut plus répandre ses bienfaits sur ces bons vassaux qu'elle rendait si heureux, est certainement de bonne foi quand elle pense que depuis soixante ans le vertige s'est emparé du tiers-état, et qu'il finira par reconnaître ses égarements. Si le peuple français, après avoir secoué le joug de cette excellente noblesse, après s'être livré à toutes les séductions, après s'être ruiné dans cette vie de folles aventures, voulait revenir vers l'autorité légitime, nul doute qu'il ne fût reçu comme l'enfant prodigue rentrant dans la maison de son père. On lui servirait peut-être comme festin de réjouissance l'octroi de quelque charte rédigée de manière qu'elle ne pût jamais favoriser le retour des énormités qui ont affligé la France depuis 1814, par la faute de ce jacobin de Louis XVIII.

Ces messieurs sont assurément de très-bonne foi, lorsqu'ils pensent et qu'ils disent que ce serait le meilleur moyen d'assurer le repos et la prospérité de la France.

Il s'agit de savoir si les citoyens qui ne sont pas nobles, qui n'ont ni les mêmes préjugés, ni les mêmes intérêts, se laisseront prendre à ces séduisantes images du bonheur féodal. Et que l'on ne vienne pas dire qu'il ne s'agit pas de rétablir les priviléges de la noblesse. Cela ne serait pas sincère. L'expérience a trop prouvé qu'il n'y avait point de monarchie, même constitutionnelle, possible sans aristocratie. Le roi doit être le premier gentilhomme de son royaume; il faut qu'au-dessous de lui se trouve une classe d'hommes ayant le même intérêt que lui, et qui le soutiennent en toute occasion. L'intérêt commun entre la noblesse et le roi, c'est l'exploitation du peuple. Le roi qui n'est pas appuyé sur une aristocratie est un roi constitutionnel comme Louis-Philippe, qui est renversé par le premier souffle de la sédition, ou un despote, comme les monarques de l'Orient qui abattent les têtes selon leur bon plaisir. Il est donc bien certain, bien évident qu'en demandant le rétablissement de la monarchie légitime, la seule possible du reste, on veut en même temps le rétablissement plus ou moins prochain de la noblesse et d'une partie de ses priviléges. Tout le monde sait que c'est le privilége qui fait le noble ; que si une noblesse est nécessaire dans la monarchie, c'est précisément à cause de la force que les priviléges donnent aux nobles. De simples titres de barons ou de marquis peuvent flatter ceux qui les portent, mais ils ne leur donnent aucune valeur politiques. La noblesse sans priviléges n'est pas une noblesse, c'est un souvenir, un nom, et rien de plus. Il faut donc reconnaître, parce que c'est la vérité, qu'en rétablissant la monarchie légitime, on rétablirait forcément la noblesse avec une partie de ses priviléges, c'est-à-dire l'ancien régime, sinon dans son ensemble, du moins dans ses conditions essentielles.

Quand le peuple va voter, il faut que les questions qu'il est appelé à résoudre soient posées avec leurs développements et leurs conséquences prochaines. Il faut surtout qu'il comprenne bien la question du rétablissement de la monarchie, car c'est une de celles qui, si elles triomphaient par le résultat d'une erreur, amasseraient des tempêtes dont personne ne saurait prévoir les ravages.

Je le répète, le rétablissement de la monarchie entraîne le rétablissement forcé de la noblesse privilégiée ; il n'est donc pas surprenant que les anciens nobles soient partisans de la monarchie ; mais ils ne sont pas désintéressés, et cela doit influer sur le degré de confiance que le peuple ajoutera à leurs paroles.

La question étant bien comprise, que ceux qui veulent répudier l'héritage de nos pères et qui désirent rentrer sous le joug de la noblesse, nomment des représentants légitimistes (1)! Ceux-là seront probablement en petit nombre. Il y a en France plus d'intelligence qu'on ne le croit quand on lui fait l'injure de vouloir la faire rétrograder de soixante ans. Ces paysans que l'on suppose si dociles aux influences de la noblesse, savent très-bien ce qu'ils ont gagné en bien-être, en dignité, depuis la révolution de 1789. Ils ont été mécontents, ils ont souffert de payer l'impôt des 45 centimes ; mais ils ne sont pas assez dénués de bon sens pour ne pas comprendre que le suffrage universel leur donne une importance qu'ils n'avaient jamais eue jusqu'ici. L'esprit qui a présidé à l'élection du 10 décembre n'a pas été un esprit de retour vers le passé, mais un désir de

(1) Les légitimistes refusèrent en 1830 de prêter serment. Depuis cette époque ils sont demeurés étrangers aux affaires publiques. Cet isolement d'un parti riche et nombreux fut pour le gouvernement de Louis-Philippe une cause de faiblesse et un danger continuel. Il fut pour les légitimistes une longue privation et une longue douleur ; il diminua la prospérité intérieure de la France et son influence extérieure.

L'avénement de la République fit cesser la fausse position dans laquelle se trouvaient les légitimistes. Tous les bons citoyens s'en réjouirent avec eux et regardèrent comme un bonheur l'union de toutes les forces de la patrie. Mais ce n'est pas assez pour ce parti d'avoir repris sa part dans l'activité générale. L'égalité ne peut lui convenir ; il affiche de nouveau ses anciennes prétentions et il veut renverser la République. Quelque grand que puisse être leur désir de mettre en pratique le dogme de la fraternité, les hommes qui aiment leur pays ne peuvent se dispenser de combattre ces prétentions et d'en signaler les conséquences et les dangers.

voir les affaires publiques mieux conduites. Ceux mêmes qui, en votant pour Louis-Napoléon, croyaient le nommer empereur, et il y en a, n'ont pas entendu sacrifier la moindre partie de leurs droits. Ils rêvaient de gloire et de puissance militaire, et aussi, il faut bien le dire, de ces fortunes plus ou moins grandes que la guerre créait avec l'or étranger.

Les paysans savent comme les ouvriers, comme tout le monde, apprécier les conquêtes de la Révolution. Maintenant ils sont aussi jaloux que les nobles eux-mêmes de leur part de souveraineté. Ils ont exercé deux fois le suffrage universel, et qu'on ne s'y trompe pas, il n'y aurait que l'invasion de la France par les armées étrangères qui pût les en priver à l'avenir.

Il est probable que les habitants des campagnes comprendront leurs véritables intérêts ; mais si, par une de ces erreurs dont l'histoire fournit tant d'exemples, le peuple français désignait dans les prochaines élections des hommes qui sont bien décidés à rétablir tout ce qu'ils pourront de l'ancien régime, il viendrait bientôt un moment où il s'apercevrait qu'on l'avait trompé. Leurrer le peuple, le mystifier, était autrefois la grande science et la grande occupation des rois et des seigneurs. Aujourd'hui ce jeu présenterait plus de dangers : bien imprudents ceux qui essaieraient de le jouer ! Le jour où le peuple verrait qu'il avait été trompé par les nobles, la république rouge serait maîtresse de la France.

Que les esprits habitués à réfléchir voient avec quelle promptitude chaque événement produit sa réaction. L'on rencontre partout des hommes distingués par leur intelligence, par leur éducation, par leur fortune, qui voulaient la République, il y a un an, qui l'acceptaient franchement, et qui aujourd'hui en sont effrayés parce qu'il y a en France une imperceptible minorité socialiste dont les doctrines leur inspirent des craintes sur la conservation de leurs propriétés. Si une telle réaction a pu s'opérer dans l'esprit de ces hommes d'élite, combien plus soudaine et plus terrible serait celle qui s'opérerait dans les masses populaires le jour où, sous l'influence d'un méconttentement quelconque, elles s'apercevraient qu'elles avaient servi de marchepied à l'ambition de la noblesse. Qui oserait dire quels seraient les effets de leur mécontentement et où s'arrêterait leur vengeance !

La république rouge a été facilement écartée après le 24 février, et elle a été constamment battue et diminuée depuis cette époque, parce que le bon sens public a compris que dans l'état actuel des choses, elle n'avait pas de raison d'être et qu'elle serait un anachronisme. La terreur de 93 fut produite par la lutte de la nation émancipée contre la noblesse, qui voulait la remettre sous le joug avec le secours de l'étranger. Le renouvellement de la même lutte pourrait seul ramener le même résultat.

Cette lutte ne se renouvellera pas. La monarchie et la noblesse sont deux institutions qui ont fait leur temps. Laissons aux morts le soin d'ensevelir les morts, et au lieu de tourner les yeux en arrière, que la France regarde l'avenir, l'avenir inévitable ; qu'elle le regarde avec confiance et de sang-froid, elle finira par le comprendre et par le dominer.

Dans les élections prochaines, l'influence du clergé pèsera d'un grand poids. Présent dans tous les lieux, directeur des consciences, aimé de chacun, le prêtre peut mieux que personne donner des avis aux habitants des campagnes. Dans l'é-lection du 10 décembre plusieurs évêques engagèrent leurs coopérateurs à s'abstenir de toute intervention ; leur conduite sera-t-elle la même dans l'élection de l'Assemblée législative? Je l'ignore. Je sais que sous le gouvernement déchu il y avait beaucoup de prêtres qui professaient des opinions légitimistes. On concevait sous Louis-Philippe les regrets du clergé, dont l'influence avait été amoindrie ; mais sous la République ces regrets seraient insensés. Le prêtre, digne de ce nom, c'est-à-dire celui qui à une intelligence supérieure joint l'abnégation personnelle et fait passer l'intérêt de la religion avant tout, doit rendre grâces au ciel d'avoir amené la République. Aucun autre gouvernement ne pourrait, n'oserait donner au clergé la satisfaction qu'il demande depuis si longtemps avec tant d'instances, la liberté de l'enseignement. Aucun autre ne pourrait, n'oserait s'incliner devant la religion avec la même humilité, parce qu'aucun autre ne serait assez fort pour pouvoir ainsi s'humilier sans danger. Dès le 24 février, le peuple encore en armes, demandait les bénédictions de la religion ; toutes les cérémonies de la République ont été des cérémonies religieuses. Depuis un an, elle a constamment marché appuyée sur la croix. La religion l'a suivie jusque dans ses batailles, et le sang de l'archevêque de Paris a cimenté leur alliance.

Si la monarchie était rétablie avec le concours du clergé, le jour inévitable où le peuple briserait de nouveau la monarchie pourrait être aussi pour la religion et pour le clergé un jour de ruine. Si au contraire la République, consolidée sur les éternelles bases de la justice et de la raison, devient le gouvernement incontesté de l'avenir, je n'hésite pas à prédire que chaque jour verra croître le pouvoir de la religion et l'influence du clergé. Comment en serait-il autrement? L'homme éprouve le besoin d'être gouverné. Son libre arbitre lui pèse dans ses jours de découragement et de faiblesse, et il aime à sentir une main qui le soutienne et le dirige. Dans la monarchie, l'autorité laïque présente en tous lieux et s'exerçant à tout propos, non-seulement suffit à ce besoin de notre nature, mais elle va au delà, et par ses exigences elle réveille surtout dans les cœurs le sentiment de l'indépendance. Dans la République, il n'y a d'autorité que celle de la loi. Ceux qui la font exécuter n'étant investis que de fonctions temporaires n'éprouvent pas eux-mêmes l'ivresse du pouvoir et ne le font pas sentir aux autres. L'autorité n'y est donc pas personnifiée, et pour le plus grand nombre c'est comme si elle n'existait pas. Au milieu de ce mouvement qui renouvelle sans cesse autour de lui les organes de la loi, le clergé seul est permanent, le clergé demeure la seule autorité durable, et les populations se pressent pour écouter sa parole, car la religion redevient à bon droit la véritable lumière et la directrice de la société. Sous la monarchie quelques hommes gouvernent, et ces hommes peuvent être des philosophes plus ou moins ennemis ou contempteurs de la religion, et alors la religion est outragée et le clergé est humilié; mais sous la République où le moindre paysan est une partie du souverain, le clergé ne craint plus les philosophes; les masses gouvernent et les masses ont la foi. Il est donc manifeste que l'intérêt de la religion et du clergé exige le maintien et la consolidation de la République. Le clergé a trop de lumières pour ne pas le comprendre et pour ne pas voir le doigt de Dieu dans les bouleversements qui modifient les institutions politiques de l'Europe.

Après avoir considéré la question sous toutes ses faces, il me paraît qu'à l'exception des anciens nobles qui rêvent le rétablissement de leurs priviléges, tout le monde est intéressé au maintien de la République. Tout le monde la soutiendrait loyalement sans la crainte qu'inspire la république rouge.

En France les mots ont d'autant plus de pouvoir sur les imaginations, qu'ils sont moins compris. A toutes les époques de notre histoire nous rencontrons un de ces mots qui remuent, attirent ou font peur. Le mot du moment, c'est la république rouge. Examinons ce que c'est que la république rouge, et nous comprendrons peut-être ce qu'il y a de fondé, ce qu'il y a de chimérique dans les craintes qu'elle inspire.

Je suppose que le nom de républicains rouges a été d'abord donné à ceux qui après le 24 février voulaient substituer le drapeau rouge au drapeau tricolore. Ces hommes étaient les membres des sociétés secrètes qui conspiraient sous Louis-Philippe, joints à cette partie de la population que l'on ne voit que dans les jours sinistres et qui aime le désordre pour le désordre, âmes perverties qui sont en guerre constante contre toute société organisée. Dans une position plus élevée et jusque aux premiers rangs se trouvaient des hommes qui professaient depuis longtemps des opinions républicaines, qui pensaient que Louis-Philippe était un usurpateur, et qu'ils avaient le droit de le traiter en ennemi public. Ces hommes étaient tous des caractères énergiques. Rapprochés par les persécutions et par les dangers qu'ils couraient en commun, ils étaient entièrement dévoués les uns aux autres. L'opinion républicaine qui était leur lien politique était pour eux une religion. Ces hommes ainsi séparés du reste de la société, formant plutôt une secte qu'un parti, se trouvèrent inopinément les maîtres du gouvernement, après le 24 février. Ils avaient souffert ensemble, ensemble ils avaient lancé leurs anathèmes contre tous les hommes qui avaient exercé le pouvoir. Il n'y avait de pur à leurs yeux que les membres de leur petite église. Voilà pourquoi ils ne voulurent admettre au maniement des affaires que des républicains de la veille. Ils croyaient que des opinions sincèrement et anciennement républicaines devaient supposer tous les mérites ou en tenir lieu. Telle fut la cause de ce système d'exclusion adopté par le gouvernement provisoire, et qui exerça sur les affaires une si funeste influence. Ce parti est sorti du pouvoir, après avoir prouvé son impuissance à gouverner. Les républicains de la veille se divisaient en politiques et en socialistes. Les politiques, parmi lesquels se trouvaient les hommes éminents du parti, voulaient surtout le gouvernement républicain. Les socialistes voulaient une autre distribution de la fortune. Tandis que les politiques étaient satisfaits par l'avénement de la République, les socialistes disaient que la Révolution n'avait pas porté ses fruits et ils voulaient lui donner une autre direction. De là, le 15 mai et les journées de juin. Le parti que l'on désigne sous le nom de république rouge, se compose actuellement de quelques hommes dont les convictions sont ardentes et qui ne laisseraient pas périr la République sans tenter pour la soutenir des efforts désespérés, et au-dessous d'eux d'une masse moins instruite d'hommes séduits par les théories socialistes, masse qui au lieu d'augmenter diminue chaque jour. Ce parti ainsi constitué est trop faible pour inspirer des craintes sérieuses. Le meilleur moyen de l'annuler serait de tenir compte de la parcelle de vérité qui se trouve dans les opinions socialistes, car c'est cette parcelle de vérité qui attire les esprits que l'on conduit ensuite par une succession de sophismes aux théories les plus absurdes. Mais si les circonstances et une foule de considérations économiques et politiques ne permettent pas de donner satisfaction à ce qu'il y a de légitime dans le socialisme, la République seule a le pouvoir et la force de le lui refuser.

Le rétablissement de la monarchie, fût-il momentanément accueilli avec transport par la majorité de la nation, donnerait une grande puissance à la république rouge, qui se recrutant de tous les mécontents, finirait par triompher et par exécuter les mauvais desseins dont on la soupçonne, parce qu'elle aurait alors des injures à venger.

Qu'on ne se fasse donc pas illusion! Il n'est au pouvoir de personne de supprimer les soixante années qui viennent de s'écouler, ni les idées politiques dont elles ont favorisé le développement dans le monde. La République avec le suffrage universel est le gouvernement légal et réel de la France. Nous nous trouvons en présence d'une exagération de l'idée républicaine. Devons-nous, pour la combattre, demander des armes à la raison républicaine, ou bien appellerons-nous la monarchie à notre secours? Que l'on y réfléchisse bien. Si nous prenions ce dernier parti, qui serait un de ces remèdes désespérés qui tuent plus souvent qu'ils ne sauvent, pour éviter un danger problématique et qu'il est dans tous les cas facile de surmonter, nous nous jetterions dans les plus terribles complications, nous mettrions contre nous non-seulement la république exagérée, mais la République elle-même, mais bientôt le peuple entier.

Je conclus de ces raisonnements, que tous les hommes de bon sens, amis de leur pays, amis de leurs propres intérêts, quelle que soit leur position sociale, doivent envoyer à l'Assemblée législative des candidats d'un esprit modéré, qui repoussant toutes les exagérations, soient franchement décidés à maintenir la République, seul gouvernement qui puisse préserver la France de nouvelles révolutions et de nouvelles crises financières.